子どもと接するときにほんとうに大切なこと

筑波大学附属小学校教諭
田中博史

キノブックス

はじめに

一年生のクラスを担任していたとき、私は毎朝、校舎の入り口でクラスの子どもたちが登校してくるのを待ちかまえ、子どもたちをひとりずつ抱っこしていました。「今日もよく来たね、本当にこの寒いのによく学校までたどりついたね」などと言って、クラスの40人全員をひとりひとり抱きあげていたのです。

校舎の入り口には、三段ほどの階段があります。子どもたちは、その階段をタタタと駆けのぼり、入り口で待つ私の両腕を目がけて飛びこんでくる――「ロミオとジュリエット」さながらの愛のドラマが、学校を舞台に毎朝くり返されていました（笑）。

（もちろん、映画とのちがいは、私ひとりに対して子どもたちは40人いるというところで、私の前には、ずらりと子どもたちの行列ができていたわけですが……）

とはいえ、これは、私が単におもしろがってやってていたことではありません。毎朝、校舎を目がけて走ってくる小さな子どもたちのエネルギッシュな姿を見て、私はそれがほんとうにすごいことだと思ってました。何とかそれを子どもたちに伝えたくてやっていたのです。

子どもたちのなかには、家から学校まで一時間かけてやってくる子どももいます。五、六歳の子どもがあの満員の電車を乗りついで学校にたどりつくのは、その行程のひとつひとつだけを思っても、実はとても大変なことなのです。

もちろん家が近い子どももいますが、からだの小さい子どもにとっては、やはりそれなりの苦労があるものです。大人が歩く十五分と子どもが歩く十五分は、その距離の感覚からしてまったくちがうのですから。

いずれにしても、小学校に上がったばかりの小さな子どもが、まだなれない学校に懸命にやってくる、それを当たり前と思わず見つめなおしてみませんか。その「子どもががんばっていること」をちゃんと子どもに伝えたい、私はそう思って、ひとりずつを抱っこしていたのです。

私はこれまで、三十六年間にわたって小学校教師として子どもたちと向き合ってきました。本校は小学校でも教科担任制をとっていることもあり、かかわってきた子どもたちの数は、のべ三千人にもなります。

ひとりひとりに個性があって、それぞれにちがう子どもたちですが、私がこれまで接してきたどの子どもにも共通していることがあります。

それは、子どもならではの純粋なエネルギーを、なにかに向かって動こうとするエネルギーを全員が最初は必ずもっているということです。

その、子どもがもっているエネルギーを育てる――教師であれ親であれ、**子どもに接する大人の役割は、子どもが前向きに動こうとしている姿をあと押しする**という単純なことです。

子どもは、もともとの経験値が少ないぶん、頭で考えて動くというよりは感覚をたよりに動いていることが多いようです。小さい子どもなどはとくに、ほとんどすべての動きが試行錯誤のようなもので、自分の動きがいいことなのかそうでないのか、必ずしも意識してやっているわけではありません。

ですから、子どもが「ああ、がんばってよかったんだ」と思う、その子ども自身の実感は、大人がなにかのかたちで子どもに伝えることでしか生まれてこないのです。

だからこそ、子どもがなにかがんばったところを大人がほめる――**「子どものうまくいっているときを認める」**ことを私は大切にしています。

これは、教師も親も、子どもに接している大人が実は見落としがちなところで、子どもがなにかできないことがあるときには叱るのに、できていることをほめることは案外忘れてしまっていることが多いのです。

大人にとってはあたりまえのことでも、子どもの側からしてみたら、あたりまえでないことというのはたくさんあります。子どもはその子なりに苦労してやっている、一生懸命がんばっている。そのポイントを大人がしっかり探して、よく見て、さらにおしまずにほめる、声をかける。

そうして子どもが自分のやったことに価値があったのだと実感する回数が増えれば、それは、次に向かって動こうとする子どものエネルギーとしてはたらくでしょう。

だから、むずかしいことではないんです。ポイントは「見るところ」を変えるということ。「見るところ」を変えれば、「見えるもの」が変わります。

普通だと思っていたことの中に「子どものがんばり」が見えてきたとき、大人はきっと驚きます。うれしくなります。うれしくなったら素直に子どもにそれを伝えましょう。実は、たったそれだけのこと。

本書で書いたのは、教師という仕事のなかで、そして私自身の子育てやまわりの声を聞くことで気づいてきた、子どもの見つめ方の小さな改革です。

この本を読んでくださっているみなさんが子どもと向き合うときのヒントに、そして子どもたちのがんばりをあと押しするときのお手伝いが少しでもできれば、これほどうれしいことはありません。

田中博史

第2章 「自分から動きたくなる仕掛け」とは
——仕組みをつくる

第3章　ほんとうに伝わる話し方&教え方

――目線をそろえる

第4章 「できない」のではなく「体験不足」なだけ
——子どもを見る

第5章　大人だって失敗してもいい！
——見方を変える

第1章

ほめるための材料を集める

——ほめる・叱る

「できてあたりまえ」のなかにほめる材料がある

大人の目からみると「そんなのできてあたりまえ」のなかに子どもをほめるポイントがある――これは、大人が子どもと接するときにほんとうに大切にしたい視点だと思います。というのも、親も教師も、子どもに接するときの大人の目は、子どもの「できていないところ」に向くことが多いからです。

親が子どもによく「ほら、いま、それをやっちゃダメでしょ」「〇〇しちゃダメって言ったでしょ」などと言いますが、それは大人の期待どおりに動いていない子どもの姿を取りあげて言葉にしているということです。だから「〇〇しちゃダメ」と叱ることが多くなるのでしょう。

でも、この状況を裏返してみれば、**大人が叱っていないところというのは、子どもを認めているところであり、許せているところ**なのです。でも、この「認めているところを子どもに伝える」ということを大人は疎かにしてしまうようです。

このことは、学校で教師が子どもに接しているときでも同じです。掃除の時間や給食の時間に子どもたちを叱っている先生はたくさんいますが、その逆に叱らなくてすんでいる時間を取りあげている先生というのは少ないのです。

子どもとの接し方という観点でいえば、これはほんとうにもったいない状況だと思うのです。叱るためにエネルギーを使うのであれば、そのエネルギーを逆の目的で使うほうが教師と子どもの関係はずっとよくなるからです。

たとえば、掃除の時間に子どもたちの姿を見ていて、ふざけて遊んでいる集団のなかに、ひとりきちんと掃除をしている子どもを見つけたとします。

そこで、「あなたはえらいね。ほうきで掃くだけじゃなくて、最後のゴミまできちんとちりとりで集めているね」などとニコニコして教師がひと声かければ、とたんにまわりの子どもたちはほめられた子の真似をしようとして動きます。これは必ずそうなります。

子どもというのは、けなげで素直な存在で、大人が子どもにかける言葉は、そのまま子どもが動くエネルギーになっているのです。

親子の関係でも、**「子どもができていないところを探す」のではなく、「できていることを発見する」**という目をもつことは、とても大切なことだと思います。

そもそも、朝起きて夜寝るまでの間、ずっと子どもを叱りつづけている親はいないでしょう。パワーの塊のような存在である子どもに比べて、大人にはそんなパワーはないものです（笑）。

つまり、その叱っていない時間のなかに、子どもを認めるべきポイントがちゃんとあるということです。「子どもと一緒にいて、この瞬間、この時間は心おだやかにいられる。ということは、そうか、この子はこういうことはちゃんとやる子なんだな」と、その叱っていない時間のほうに少しだけ意識を向けてみれば、「よし、ほめる貯金がひとつできた」と思えるようになります。

そういう意識で子どもとの一日を過ごせば、叱る貯金よりも、実はほめる貯金のほうがずっと多いということに気づくはずです。

まずは一時間、子どもの「いいところ」だけを探す

私は、若い教師たちや子どもの保護者たちに向けて講演をすることも多いです。

その講演のなかで、先に書いた「子どもを叱る材料よりも、ほめるための材料を集めよう」というお話をすると、会場にいる教師や保護者から「でもやっぱり、子どものほめるべき姿を具体的に探すのは、とても高度なことなのではないでしょうか？」という反応が返ってくることがあります。

「子どもがなにか望ましくないことをしているのは目につきやすいけれど、いいことを見つけるのはむずかしい」と。

そのような声に対して、私が「でも実は、マイナスの材料を集めることができる人

は、その逆にプラスの材料を集めることもできる力をもっているのですよ」と言うと、みなさんおどろいた顔をされます。

たとえば、大人の世界でも、夫婦げんかで「だってあなた、先週はああ言ってたじゃない?」などと言うことはないでしょうか。もっとひどいときには「だって一年前には」と、もはや風化寸前の事実を持ちだすこともあるかもしれません(笑)。

これはいわば、マイナスの材料を集めるのにちゃんとメモリーを使えているということで、言いかえるとマイナスのこととなれば、一年前までさかのぼって記憶できる高度なメモリーをもっているということです。そのマイナスを集めるメモリーがあるならば、それを逆向きに切り替えて、プラスを集めるほうに使えばいい。

つまり、どんな材料を集めるかは、メモリーの使い方次第ということです。

親も教師も、**子どもを叱る材料を集めることができる人というのは、ほめるための材料を集めることができる人**でもあるのです。

ですから、自宅でも公園でも、「よし、いまから子どものいいところだけを探そう」ときめて、ためしに一時間、子どもを見てみてください。そうすれば、どんな子どもでも必ずプラスのことが見えてくるはずです。

たとえば、子どもが黙って静かにテレビを観ているとしたら、それは集中しているということでしょう。ひとつのプラスです。

番組が終わったら、ちゃんとテレビのスイッチを消して席を立った。これも、ひとつプラスのことです。

さらに、席を立つときに床に落ちているおもちゃに気づいて、それをサッと拾っておもちゃ箱に片づけていったとしたら、またもうひとつプラス。

こうして一時間、子どもを見ていれば、「そうか、この子はちゃんとこういうことができる子なんだ」と必ず思えるはずです。「なんでいままで気づけなかったなんだろう」と、これまでの自分の目を思わず疑ってしまうほど、その子のいいところが目に入ってくるものなのです。

公園などで遊んでいる子どもを見ているときでも同じです。

「今日は、この公園のなかにいる親のなかで、いちばん子どもをほめる親になろう」

と思って子どもを見てみてください。

「あ、いまの姿はひとつのプラス。あ、いまのもまたひとつ」と、**まずは三つを目標に子どものほめる材料を集めてみると、必ず子どもの見え方が変わってくる**はずです。

ちょっと時間をおいてから、ほめる

夫婦げんかならば、私たちは一週間前のことも一年前のこともさかのぼって話題にする――この「さかのぼってメモリーを使う」というのは、けんかの状況では当然、歓迎されることではないでしょう。

一方で、**ほめるという状況ならば、少し前のことや時間がたったことを持ちだして話題にするのは、ほめることの効果を何倍にもしてくれる**ということがあります。

昼間に公園で一時間、子どもの姿を観察して、ほめる材料がいくつか集まったとしましょう。そうして子どものいいところに気づくと、すぐにほめたいと思うかもしれませんが、ここでひと呼吸おいてみてください。

「あ、この姿はいいな」と見つけた材料はしっかりメモリーに入れておき、「でも、子どもに伝えるのはちょっとだけがまん」と、その日の夕食の席まで待ってみます。

そして、ごはんを食べながらの団らんの時間に、そのときのことを話してみます。

「そういえば、お昼に公園のブランコで順番を待っていたときに、あなたはうしろの子にスッとゆずっていたよね。ほんとうはさ、あなたのほうが先に列に並んでいたのにね。あれはどうして?」などと話題にするのです。

もしかすると、子どもは、その出来事を覚えていないということもあるかもしれません。時間がたっているわけですし、本人は無意識のうちにやっていたということもあるでしょう。

そこで子どもが「えー? 覚えていない」となったとしても、それはそれでいいのです。「あのうしろにいた子は、あなたより小さい子だったよね。だから先にゆずってあげたのかなと思って、なんてえらいんだろうと思ったよ」などと続けて話します。

話を聞いている子どもは内心「いや、そこまでいいことをするつもりでもなかったんだけど」と思うかもしれませんが、それでも親が「ああいうところが、あなたはすごいよね」などとほめれば、子どもは「自分のことをこんなふうに見てくれているんだな」と思ってうれしいのです。

とくに、時間がたってからほめられると、それだけ自分のやったことに価値があったのだと子どもも実感するはずです。「ちょっと前のことなのに、わざわざこうして話題に出すなんて、それくらい自分のやったことはすごいことだったんだ」と、その実感が倍増します。

この、「**自分がいいことをすれば、それを親がきちんと見ていてほめてくれる**」と**子どもがしっかり実感することが大切**なのです。

このような実感が子どもに生まれると、たとえブランコを無意識でゆずっていたとしても、今度は意識的にいいことをしようというスイッチが入ります。

いいことをすれば、またほめてもらえると思うので、たとえば次に公園で遊んでいるときに友達ふたりがケンカをしているのを見て「ほら、○○ちゃん、やめなさいよ。私のこのバケツ、貸してあげるから」と、自分からいいことをしようと動く子どもになるのです。

親は、その状況を遠くからニコニコしていて見ていればいい。それで子どもがパッとこちらをふり向いたときに、親のうれしそうな顔を目にすれば、「あ、見ててくれた。自分のがんばっているところ」と思うでしょう。

自分がされてうれしいことを子どもに返していく

夕ごはん時の会話を例で書いたように、子どもをほめるときには、やはり言葉にしてほめるということが大切です。言葉にしなければ伝わらないことがあるということ、そしてほめられるとまたがんばる気持ちがわいてくるということは、親子の関係だけでなく、大人どうしの関係にも共通する事実でしょう。

ですから、子どもをほめるときの基本は実にシンプルで、「自分がされてうれしいことを子どもに返していく」という発想だと思います。

私自身、これまで書いてきたような子どもをほめることの大切さについては、ある先輩教師が私をほめてくださった経験から、わが身をもって学んできたというところが大きいのです。

その先生は、同僚として仕事をした十一年間、私の言動についてよく声をかけてくださっていました。私が雑誌に書いた原稿などを読むと、いつもきまって「あの最後の三行は秀逸だったよ」などとほめてくれるのです。それも、たまたま廊下ですれちがったときなどに、さりげなく私にささやくようにして伝えてくれました。

ですから、必死で原稿を書いたあとは、早くその先生に会いたくなったものです。その先生に出会うために廊下をぐるぐると周回してみたり、帰りのタイミングをはかってみたり……。

そしてあるとき、自分が子どもにとってそんな先生になればいいということに気がついたのです。

子どものがんばる気持ちを引きだしたいなら、自分がどういうときにがんばりたくなるかを考えることがいちばんの近道だと思ったのです。

自分ががんばったことを、だれかがちゃんと見ていて、言葉にしてほめてくれたらうれしい。だから次もよけいにがんばろうと思う。

一生懸命つくった料理を家族が無言で食べるのと、「おいしい」というひと言があるのとでは、次に料理をするときのモチベーションは変わるでしょう。大人も子どもも、人の気持ちという意味ではそう大差はないはずです。

つまり、自分がセンサーとなって日々感じていることを子どもとの接し方でも生かしていく、この素直な発想が、やはり大切なのだと思います。

ただし、子どもも大きくなってくると、口頭でほめることがお互いに照れくさいということもあるかもしれません。

そのときは、紙に書いて伝えるというやり方もあります。

たとえば、日ごろから整理整頓が苦手でいつもは机の上も散らかしっぱなしの子どもが、今夜は机の上をきちんと片づけてから寝ていた。

そこでひと言、「机の上、すごいきれい。立派!」と書いた紙を机に置いておく。

次の日に目を覚ましてそのメッセージを見た子どもは悪い気はしないはずです。

トライアングルの三点をつかってほめる

面と向かって相手をほめるのではなく、だれかを介してほめ言葉を伝えてもらうというやり方もあります。

ほめたい相手へのほめ言葉をまずは第三者に伝え、それをその第三者から相手に伝えてもらう——トライアングルの三点を使ってほめ言葉を伝言していく方法です。

わざわざ第三者をはさんで相手をほめるなんて、まどろっこしいと思われるかもしれません。でも、このトライアングルのかたちで間接的にほめるというやり方なら、相手を直接ほめるよりも、ときにはその効果がずっと大きいことがあるのです。

ある小学校の保護者の方たち向けに講演をしたときのことです。

小学校から依頼されたその日の講演テーマは「子どもを劇的に変化させるコツ」というものでした。会場はその小学校の講堂で、客席には子どもの保護者の方たちが座っていました。

メインのお客さんはその保護者なので、講演の内容も保護者向けのものをとお願いされていたのですが、その日の会場にはその小学校の教師たちもいて、保護者と一緒に講演を聞いているわけです。

それならと思って、私はトライアングルのほめ方についてお話ししよう、そして、その場で実際に体験してもらおうと考えました。

この日のトライアングルとは、A保護者、B教師、C子ども、の三点。

そして、トライアングルの目的は「子どもにいい変化を起こすこと」です。

私はまず、会場にいたその小学校の先生たちに、いったん会場を出てくださいとお願いしました。「先生たちにはお聞かせできないお話がありますので」とおことわりをして、会場にいるのは保護者と私だけという環境にしてもらったのです。

そうしておいてから、私は保護者の方たちに言いました。

「いまここを出ていかれた先生たちはそれぞれ、みなさんのお子さんたちの担任をされている方たちですね。いまは五月、新しいクラスになって一カ月。今後のクラスの雰囲気がもっとよくなるためのコツをお伝えしたいと思います。むずかしいことではありません」

このように前置きをしてから言いました。

「ここにいらっしゃるお父さん、お母さん。みなさんが、それぞれのお子さんに向かって、担任の先生をほめてみてください。家で子どもとおしゃべりをしているときなどに『あなたのいまの担任の先生、こんなところがすごいよね』と、なんでもいいのでほめてください。それだけでクラスの雰囲気は必ずよくなります。それは結果的に、みなさんのお子さんたちにとってもいい変化を生むでしょう」

話を聞いている保護者の方たちは、「?」という顔をしています。
親が先生をほめる、それも子どもに向かって先生をほめる。
それだけでクラスの雰囲気がよくなる。その理由を次に記します。

効果が倍増する「ほめ言葉のチームプレイ」

親が子どもに向かって担任の先生をほめると、その子どものいるクラスの雰囲気がよくなるというのは、いったいどういうことなのでしょうか。

私は保護者の方たちへのお話を続けました。

「先生をほめる内容というのは、どんなことでもいいのです。『あなたの今度の担任の先生は学級通信を書くのが上手だね』とか『黒板に書く字が上手だね』とか、入学式のときの話でも始業式のときの話でもなんでもいい。親が見つけた先生のいいところを子どもに話せば、その話は子どもをとおして必ず先生に伝わります。『先生、私のお母さんがね、先生の書く字は上手って言ってたよ』と。

そうしたら先生はうれしくなって、いっそう字をきれいに書こうと思うようになります。そうやって先生にたくさんのほめ言葉が集まれば、先生はもっとがんばろうと思います。その先生のがんばりは、もちろん、クラスの子どもたちにもプラスのこととして返ってくるでしょう」

つまり、保護者が子どもに伝えた教師へのほめ言葉は、子どもを介して必ず教師の耳に入るということ、その結果として先生のモチベーションも上がるので、それは子どもにとってもプラスになるということです。


私はさらに続けました。

「子どもは、自分の親が好意的な目を向けている大人の言うことはよくきくものです。だから、親が先生のことをほめれば、その先生の言うことには、きちんと耳を傾けるようになる。その結果、先生と子どもの関係も必ずプラスの方向に向かいます」


ここまでお話ししてから、私は外で待ってもらっていた先生たちに声をかけて、会場に戻ってきてもらいました。「いったいなんの話だったのだろう？」と不安げな顔で会場に入ってくる先生たちを、保護者の方たちはニコニコして見ています。

私は、「では、保護者の方たちも先生方も、みなさん、一カ月後を楽しみにしていてください」といってその日の講演を終えました。

この日の講演会は、保護者を対象とした内容をと、その小学校から依頼されたものでしたから、私も当初は、お父さんやお母さんが子どもになにか直接のはたらきかけをすることで、子どもにいい変化を起こす方法をお伝えしようかと思っていました。

でも、その日の会場は小学校でしたし、その場には保護者だけでなく、子どもたちの担任の先生方もいる。それなら、教師も巻きこんだかたちでトライアングルの関係をつかうことができる、実際に体験してもらうこともできる。

なにより、その日の講演テーマである「子どもにいい変化を起こす」こと、その効**果を大きくしようと思うなら、そもそも子どもに接している保護者と教師が協力することが欠かせない**——私が先に書いたようなお話をしようと思ったのは、このような考えからだったのです。

この日のトライアングルは「A保護者　B教師　C子ども」の三点、トライアングルの目的は「子どもにいい変化を起こすこと」でした。

このときはまず、保護者が教師のいいところを見つけて子どもに伝えることです。それが子どもをとおして教師に伝われば、教師のモチベーションが上がるので、それは子どもにもいい影響となって返ってきます。それと同時に、子どもと教師の関係もよくなります。

そもそもの火つけ役となる保護者にとっても、教師のいいところを見つけようとするのは、その逆のことをするよりもずっといいことだといえるのではないでしょうか。

この逆もあります。子どもたちに向かって保護者のことを先生がほめるのです。「この前の保護者会のとき、みんなのおうちの人はニコニコして話を聞いてくれたよ。いい雰囲気の会でした」などと。

これは「**ほめ言葉のチームプレイ**」とでも言えばいいでしょうね。保護者にとっても教師にとっても子どもにとっても、それぞれにとってプラスの結果を生みながら、関係性もよくなっていくことが期待できるというわけです。

子どものいないところで子どもをほめる

第三者を巻きこんでトライアングルのかたちをつかうと、ほめることの効果が何倍にも高まる。

この**「ほめ言葉のチームプレイ」は、家庭でも実践することができます。**

先ほどの講演の場では三つめの点として教師を巻きこんだように、子どもになにかはたらきかけをしようとするときは、親子ふたりの間で直接やりとりをするよりも、もうひとりのだれかを介するほうが、その効果が大きくなるということがあります。

いま、この本を読んでくださっているのがお母さんならお父さんを巻きこんでもいいし、お父さんならお母さんを巻きこんでもいいのです。

たとえば、子どもに聞こえるか聞こえないかのところで、夫婦で子どもをほめる会話をしてみる。

夜、子どもが寝室に引きあげたら、そのとなりの部屋で「うちのお兄ちゃんは妹にはやさしいよね」といった会話をしてみます。子どもはその場にはいない、でもまだ眠ってはいないというタイミングで夫婦の会話をそっと聞かせてみるのです。

すると、その会話を耳にした子どもは「僕はそう思われているんだな。よし、がんばろう」と思って、それまで以上に妹にやさしくする子どもになるでしょう。

つまり、**夫婦というチームで子どもをほめる**ということ、それも**子どもがその場にいないところでほめる**ということ、いわば「間接ぼめの合わせ技」で、このような伝え方は、子どもに直接なにかいうよりもよほど効果があるのです。

この「本人のいないところで子どもをほめる」というのは、以前、ＮＨＫの仕事でご一緒した俳優のMさんからお聞きしたエピソードがヒントになっています。

Mさんの子ども時代、Mさんのお母さんは、本人がそれほど意識してやっていないことまで、あたかも熱心にやっているかのようにご近所の方にお話ししていたそうなのです。「うちの子さ、勉強の時間だけは守るのよ」などと、家のなかにいるMさんにも聞こえるように玄関の前でお話しをされていた。

「実際のところは、勉強の時間はずるずるズレていたのだけれど、母親がこう言っているのが聞こえてきて、やっぱり時間だけはちゃんと守らなくちゃと思いました」と、Mさんは笑ってお話しされていました。このときの気持ちは、自分がその立場だったらと想像してみると、よくわかるのではないでしょうか。

このエピソードのように、だれかを巻きこむときのそのだれかは、近所の方でもいいのです。もちろん、子どもの兄弟姉妹でもいいし、はたまた、おじいちゃんやおばあちゃんでもいい。

要は、**ほめるときに子どもに面と向かって言葉をかけるのではなく、だれかを介してワンクッションおくことで、逆にほめることの効果が倍増する**ということです。

妹には
やさしいよね

だれかを巻きこんでほめるというこのやり方は、子どもに対してだけでなく、大人どうしの関係でもおすすめしたいことです。

たとえば、お父さんというのはどうも、面と向かって奥さんをほめるのを照れくさいと思うようです。「今日も一日、あなたのおかげ」などと奥さんに感謝の言葉を伝えるのは、どうも気恥ずかしい（というのは私自身の経験としてもよくわかります）。それなら、子どもに向かって奥さんをほめればいいのです。子どもと一緒にお風呂に入っているときなどに「今日のごはんもおいしかったよね。お母さん、料理上手だよね」などと話せば、その言葉は子どもをとおして必ず奥さんに伝わるでしょう。

だれかを巻きこむというと、面倒だし遠まわりだと感じられるかもしれません。でも、直接は伝えづらいことも、第三者を介することで伝えることができます。

つまり、だれかを巻きこむことのいちばんのよさは、照れずにほんとうのことを話せるというところにもあるのかもしれません。

子どもを叱るのは、なんのため？

親が子どもを叱っている場面に遭遇すると、その親の叱り方は、自分の怒りの感情をそのままぶつけているように見えることがあります。

子どもがなにかよくないことをした。

↓

親はその子どもの姿を見て反射的に怒りがわいてくる。

↓

その怒りの感情をそのまま子どもに向けてしまう。

親も教師も、子どもと接する経験が少ないうちはとくに、怒りの感情を子どもにぶつけるような叱り方をすることが多くなってしまうものです。

でも、そもそも子どもを叱るのがなんのためかを考えてみれば、それは、なにか子どもに教えたいことがあるはずだからです。

叱ることで「これをやってはいけない」と子どもに教える、それが子どもを叱ることのほんとうの目的だということは誰もがわかっていることのはずなのです。

それなのに、もしも親が自分の感情にまかせて子どもを叱れば、子どもからも感情で返ってきます。なにで叱られたのかという内容ではなく、親に叱られたというマイナスのイメージだけが子どもに残ることになるでしょう。

これでは、叱ることの本来の目的からはなれてしまうのです。

では、子どもを叱るときにはどうするのがいいのか。

ちょっと禅問答のような話になるのですが、**「子どもに教えたいことがまずあって、それに合わせたシーンを見つけて叱ればいい」**のです。

目の前の子どもがなにか叱られることをしたときに、それを見て叱るとすると、叱るほうも準備ができていなくて、うまく伝えられなかったりすることもあるのです。そうではなく、事前にこちらが子どもに教えたいことをはっきりさせておいたうえで、その「教えたいことにあった子どもの動き」を見つけて叱る。

「叱る」というよりは「教える」といったほうがそのイメージがわきやすいかもしれません。

たとえば、私が学校で「ウソをついてはいけない」ということを子どもに教えたいと思ったとします。そうしたら、まずは「たぶん、こういうときにウソをつくだろうな」というシーンを探すことから始めます。

そのシーンは、掃除の時間などに、すぐ見つかります。掃除の時間は、学校のなかでトラブルが起こる代表格ともいえる時間で、雑巾を投げて遊んでいたり、掃除用具を片づけなかったりという子どもがたくさんいます。

ただし、そういう子どもの姿を見つけても、その場ですぐに「なにやってるんだ」などと声をかけることはしません。その場ではそっと事実を見ておくだけです。

そして、翌日の掃除の時間などに同じ子どもたちを見つけたら、そこでなにげなく声をかけるのです。

「一生懸命に掃除をやる人というのは、雑巾でキャッチボールをしたり、ほうきで壁をたたいたり、ちりとりでサッカーをしたり、そういうことをしない人のことを言うんだよね、うん。たとえばだけどね、たとえば」

こうして前日に見ておいた例を挙げます。このように三つ例を挙げて、その例が三つともピンポイントで当たっていたら、子どもたちは「やばい。先生、ぜんぶ見てるんだ」と思うでしょう。

そうして、「掃除をやっていないのにやっているふりをしてはいけない」……つまり、「ウソをついてはいけない」ということも学んでくれるのです。

叱る目的は「教えたいことを伝えるため」

　そもそも、子どもがまだ小さいうちは、親が叱ることで教えなければいけないことはそう多くはないと私は思っています。「乱暴をしない、ウソをつかない、人のものをとらない」、人間社会で生きていくのにまず必要なこの三つのことを教えるのでよいと考えてみたらどうでしょう。

　そして、この三つを親が子どもに教えるときも、先ほどの掃除のときのように、その教えたいことに合わせた子どもの動きを、意図して見つけることから始めればいいのです。

　たとえば、「乱暴をしない」ということを教えたいと思ったら、兄弟げんかなどで、それを「教える」よいシーンはないかなと思って観察するのです。兄弟で遊んでいて、おもちゃの取りあいになったりすれば、小さな子どもはつい相手に手が出てしまうものです。

そのシーンを見つけて、「ほら、ケンカになっても絶対に人をたたいちゃいけないって、いつも言ってるよね」と言えば、「乱暴をしない」ということを落ち着いて教えることができるでしょう。準備してから叱るのですから。

つまり、**まずは、「これをやってはいけない」と子どもに教えたいことを親があらかじめはっきりさせておく**ということです。

そのうえで「そのやってはいけないことを子どもがやったところ」を冷静に見ておいてから叱れば、子どもにしっかり伝わります。

兄弟げんかのシーンでも、もし親が見ていないところでけんかが起きて、「先にたたいたのはお兄ちゃんだもん」「いやちがう、弟のほうが先だった」などと言い合いになってしまえば、親もどちらの言うことが正しいかはわかりません。「乱暴してはいけない」ことを教えようにも、教えることができなくなってしまいます。

でも、親がきちんと見ていたシーンで、どちらかが手を出したのであれば、「乱暴してはいけない」ということを、ふたりに同時に教えることができるでしょう。


ところで、もし親が見ていないところで兄弟げんかになり、その場を収めなければいけないというときにはどうするか。そこで親がしつこく介入しても両方が言いわけをするだけですから、ここはもう両成敗です。

ただし、ひとつだけ、その場で言えることがあります。

それは、

「でも、ほんとうのことは、ふたりが知ってるもんね」

「私は現場を見ていなかったから、どっちが正しいって言えないんだけど」

と言って、親はその場を立ち去ればいいのです。

第2章

「自分から動きたくなる仕掛け」とは

——仕組みをつくる

子どもが自分から動きたくなる「小さな仕掛け」

子どもには、なにが大事なのかを自分で考えて、自分から動きだす力を身につけてほしいと思います。大人から「こうしなさい」と指示されたことをそのままやるのではなく、**子どもが自分で考えて課題や方法を見つけられることが、子どもにとって大切な力になる**と思うからです。

とはいえ、経験の少ない子どもにとって、大事なことを自分で見つけて動くことが最初からできるわけではありません。ですから、ときには大人のほうから「小さな仕掛け」をしていく必要もあると思っています。

学校の掃除の時間が終わり、そろそろ次の授業が始まるというタイミングで、私はわざと教室のうしろのほうに水が入ったままのバケツと雑巾を置いておいたことがあります。

掃除は終了している時間なので、本来ならば掃除用具もすべて片づいていなければいけないという状況です。そこに、だれかが片づけ忘れているという体で、あえてひとつだけバケツと雑巾を残しておいた――それに気づいた子どもたちがどう動くかを見てみようと思ったのです。

掃除時間の教室にはふだん、教室を掃除する当番の子どもたちがいます。でも、そのときはたまたまその子どもたちが水道のところに行ったりして、全員が教室を出はらっていました。その状況でなら、私がバケツと雑巾を置いておいたとしても子どもたちはそれが私のやったことだとは気がつかない。そんな偶然のタイミングでとっさに思いついた作戦でした。

教室に戻ってきた子どもたちのうちのだれかが、そのバケツと雑巾に気づいて片づけてくれたら、私はその子をうんとほめようと思っていました。でも、もしもだれも片づけないようだったら、そのときは私自身、子どもたちの育て方を反省しなければいけない。

そう考えて私は、なにも知らないふうを装って教室で子どもたちを待ちました。

まもなくして、子どもたちが、ひとりふたりと教室に戻ってきました。うしろの入り口近くにぽつんと置かれているバケツと雑巾を目にした第一陣の子どもたちは、「なに、このバケツ」「だれかが置きっぱなしにしてる」と言ってそのまま通りすぎていきます。その様子を見て私は内心がっかりしながらも、第二陣の子どもたちにのぞみをつなぎました。

いざ第二陣の子どもたちはどうするかと見ていると、その動きは第一陣と同じでした。「え、私は片づけたよ」「僕だって片づけた」「あの子たちなんじゃないの?」などと言い合っています。床に落ちている雑巾を踏みつけてその場を通りすぎていく子どもはいても、だれも片づけようとはしません。

私は、「そうか、このクラスの子どもたちのいまの力というのは、このレベルなのか」と思いました。子どもが自分から片づけようと動かないということは、私が自分から動くことの大切さを子どもたちに教えることがまだできていないということ。

つまり、反省しなければいけないのは私自身なんだよなあ。

事件が起こったのは、そう私が思った矢先のことでした。

第二陣に続けて教室に入ってきたひとりの子どもが、床の雑巾をひろいあげてバケツに入れました。その動きを見て私が「よし」と思ったまさにその瞬間、雑巾を入れたときの勢いでバケツの水がバシャンと飛び散ってしまったのです。

まわりの床はびしょぬれになってしまって、ほかの子どもたちから「なにやってるの」「まったくもう、掃除したばかりなのに」とその子に向けて文句がとぶ。運の悪いことにいつも叱られることが多いやんちゃ坊主……。

でも逆に、私は、「いまだ」と思いました。いまこの状況、このタイミングでなら、子どもたちに自分の伝えたかったことを伝えることができる。

そこで私は、「ちょっと待って」と子どもたちの間に割って入りました。

「たしかに、水が飛び散ったことは問題だと思う。だから、そのことについては、みんなにちゃんと謝らないといけないことだよな」と、雑巾をバケツに入れようとしたその子に言ってから、ほかの子どもたちにも聞こえるように続けました。

「でも、その直前までのきみの動きは、先生はとても好きだよ。ほかの子たちはみんな、バケツと雑巾に気づいていても無視したり、雑巾を踏んでいったり、片づいていないのをほかのだれかのせいにしたりしたんだ。

でも、きみだけが雑巾をひろってバケツに入れた。片づけようとして動いたのはきみだけだ。だから、先生はきみをえらいと思う」

私はそのように子どもたちに話してから、一緒に床をふき、バケツと雑巾を片づけました。バケツ事件は以上で一件落着です。

もちろん、バケツの水が飛び散ったことは私にとっても予期せぬ事件だったわけですが、結果的にはそのおかげで、自分から動くことの大切さを、より強調するかたちで伝えることができたと思います。

「ほめるための仕組み」をつくる

前項のように、バケツと雑巾の仕掛けをした、そのときの私の考えを整理すると、次のようなことなのです。

ちょっとした仕掛けで、子どもがなにか困るような状況をつくる。

←

その困った状況をなんとかしようと動いた子どもをすかさずほめる。

←

ほめられた子どもはその自分の行動に価値があったと実感し、次もまた自分から動くようになる。

↓もしもその場にほかの子どもがいれば、その子どもたちも次は自分がほめられたいと思って動くようになる。

これは、つまり**「子どもをほめるための仕組み」**づくりです。

私は、このバケツと雑巾のときと同じような考え方で、クラスの子どもたちに小さな仕掛けをすることがときどきあります。

子どもたちが教室をはなれている間に黒板消しを床に転がしておくとか、学級文庫の本を二冊だけ取りだして棚のうえに置いておくとか……だれかが置きっぱなしにしたという体、自然にそうなったという体で小さな出来事を用意しておきます。

そうして子どもの動きをなんとはなしに見ておき、教室に戻ってきた子どもたちのなかに自分から動いた子どもがいたら、すかさずほめるというわけです。

good!
すかさずほめる
次も自主的に行動する

「動きたくなるエネルギー」を育てる

小さな仕掛けをすることで、「子どもをほめるための仕組み」をつくるということは、家庭でもやってみることができます。

おもちゃをひとつ床に転がしておき、それをおもちゃ箱に片づけた子どもを「えらいね」とほめるとか、兄弟で遊んでいるときにおもちゃをひとつ少なくしておき、どちらかがゆずってあげればそのことをほめるとか……いずれにしても大事なことは、子どもが自分から動いたところを親がきちんとほめるということです。

日々の小さな出来事の中にも、意識してみれば、実はたくさんあるのですから。

ほめられた回数が増えてくると、子どもが自分のやったことに価値があったのだと実感する回数も増えます。

この小さな積み重ねが「動きたくなるエネルギー」を育てます。

事件は一から十まで見ておくことが大切

私の学校の子どもたち、とくに私のことをよく知っている子どもたちは、「この先生にはうそをついてもしょうがない」と思って私に接していると、あるときほかの先生から聞きました。

なかには「この先生は学校で起こることのすべてを知っている」と思っている子どもまでいるようで、この原稿を書いている少し前に、私も思わず笑ってしまった出来事がありました。

ある子どもが私のところに「ねえ、先生」とやってきました。手には小さな髪留めをもっています。聞けば、その髪留めは学校の中庭に落ちていたものをその子がひろったものだそうで、「先生、この髪留め、だれのか知っている？」とたずねてきました。さすがに私も子どもたちの髪留めのひとつひとつまではおぼえていません。それで「いや、わからない」と答えたところ、その子がぽつりとつぶやいたのです。
「なんだ、普通じゃん」（笑）

つまり、その子は学校で起こることのすべてを私が把握していると思っていたようなのです。そう期待していたところに私が持ちぬしを知らないと答えたので「なんだ」とあてが外れた。それで先の言葉が口をついて出たのでしょう。

さて、このような笑い話はともかくとして、子どもをほめるにしても叱るにしても、**子どもに対してなにかはたらきかけようとするときには、その前段階として「子どもの動きをしっかりと見ておく」ことが欠かせません。**

この大人はちゃんとほんとうのことを見ている人だと子どもが思っていれば、親や教師がわざわざ「正直になりなさい」などと教えなくても、子どもはちゃんと正直になるのです。

その逆に、いきあたりばったりで子どもを叱ったりすれば、子どもは正直になってもしょうがないと思うようになります。正直に言ったところでこの大人はどうせ信じてくれないと子どもが思えば、そのうちに大人のことを信用しなくなってしまうでしょう。

ですから、大人がその出来事の一から十までをきちんと見てから、はたらきかけることは、大人と子どもの信頼関係をつくるという意味でも、とても大切なことなのです。

「大人のほうから仕掛ける」ことの利点

バケツと雑巾を私のほうから仕掛けておくというのも、そもそもは「一連の出来事を見てから子どもにはたらきかけることが大切」という考えがもとになっています。

大人のほうからなにかを仕掛けていくことをおすすめする理由は、**仕掛けをすることで出来事の一から十を見ておくことができる**からです。

先に書いたバケツ事件のあと、私はその一連の出来事をある同僚の先生にお話ししてみたことがあります。その先生は、ことのなりゆきを聞いてうなずきつつも、なにか引っかかっていることがあるというような顔をしていました。

そして、しばらくしてから私にたずねてきました。

「そもそも、バケツと雑巾が出しっぱなしになっている状況は、ふだんから日常的に起こるのだから、わざわざ仕掛ける必要はあるのでしょうか」

「たまたまだれかがバケツと雑巾を片づけるのを忘れたりすることもあるでしょう。それが起こった時点で同じことをするのではいけないのでしょうか」


たしかに、この先生の言うことにも一理あるのです。

実際に子どもの世界では日々、小さな事件が起こっているので、その事件を見つけたときに大人が同じようなはたらきかけをすればうまくいくこともあるでしょう。


でも、バケツと雑巾が教室に残っているという同じ状況でも、たまたま子どもが片づけ忘れた場合となると、その状況を見た大人のほうの気もちが変わってきます。

もうすぐ授業を始めなければならない、時間がないといった状況ならなおさらのこと、教師の意識も「バケツを片づけ忘れたのはだれか」というところに向いてしまうかもしれません。教師だって人間ですから、突発的なにかが起こったときに感情が先に立ってしまうことはあるでしょう。

そうなれば、目的そのものがすり替わってしまいます。

「子どもが自分で考えて、自分から動くことの大切さを教えよう」というそもそもの目的からはなれてしまうのです。


バケツと雑巾の仕掛けは、親が子どもに家庭で接するシーンにたとえてみると、兄弟がふたりで遊んでいるときに、親が子どもたちのおもちゃをひとつ隠して少なくしておくといったことです。

そうして仕掛けをしておいて、子どもたちがふたりで遊んでいるときに「あれ、おもちゃがたりない」となり、どちらかが「これ、使っていいよ」などとゆずるようなことがあれば、親はほめることができるでしょう。


一方で、この同じおもちゃがたりないという状況が、親も予期していなかったこととして起きた場合はどうなるでしょうか。そのおもちゃは棚の下に入りこんでしまっているかもしれないし、兄弟のどちらかが意地悪で隠したのかもしれない、真相は親にもわかりません。

そのとき、どちらかがゆずってあげれば、先ほどと同じようにほめるという対処ができるかもしれませんが、もしもそこで兄弟ゲンカが始まったりすれば、親もそう冷静ではいられなくなるはずです。「あなたたちは、よくものをなくすんだから」とか「いつもケンカばっかりして」と怒ってその場が終了となるかもしれません。

これでは、「子どもをほめるための仕組み」どころか、「子どもを叱るための仕組み」になってしまうのです。


だからこそ、**ときには大人から仕掛けることにも意味がある**ということです。

大人のほうから仕掛けた出来事であれば、その出来事の一から十まですべてを知っているなかで、子どもに適切にはたらきかけることができますから。

子どもと向き合う大人が心の準備ができているかどうかが、一番大きなちがいかもしれませんね。

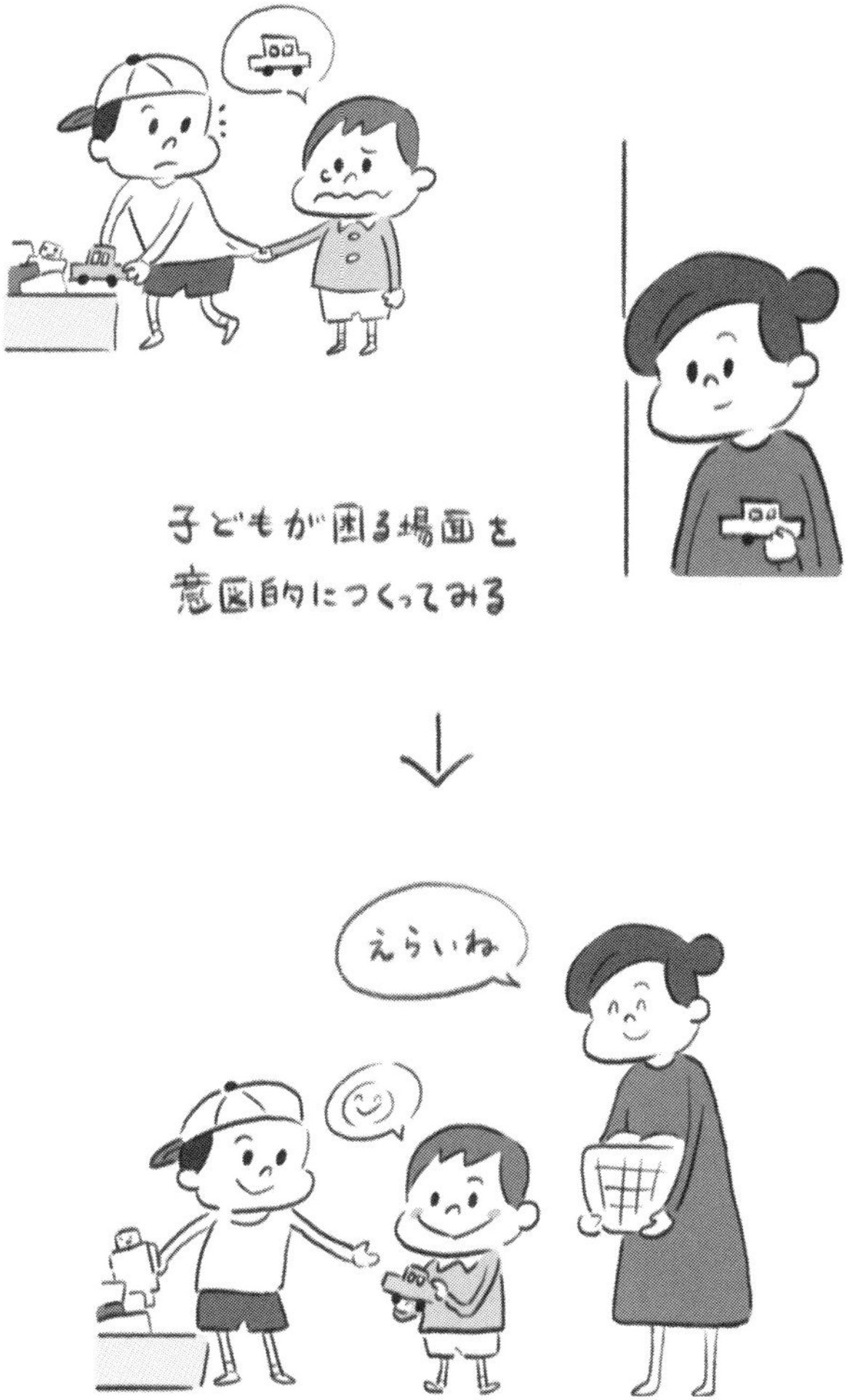
子どもが困る場面を
意図的につくってみる
えらいね

思考力を育てる場面でも、あえて子どもが困る場面を用意してみる

小学校に上がる前の子どもをもつお母さんから、「子どもの考える力を育てるにはどうすればいいですか？」と質問されたとき、「子どもが自分で考える場面を親がうばわなければいいのですよ」と答えたことがあります。

子どもは、自分がなにかに困ったり疑問をもったりしたときにはじめて、自分の力で考えようとするものです。

目の前にあるうまくいかないことを解決しようとか、いくつかの選択肢からなにを選べばいいかとか、そういう場面が目の前にあらわれたときにはじめて、自分で考え

ようとするスイッチが入るのです。

これは裏を返してみれば、**もしもまわりになにも困るような状況がなかったとしたら、子どもは自分で考える必要性を感じない**ということです。

ですから、親がもし、子どもが最初から困らないように、子どものためにと思っていつも先まわりして用意していれば、それは子どもが自分で考えるせっかくのチャンスをなくしてしまうことになるわけです。

考える力といっても、必ずしも学校の勉強だけがその力を育てる場ではありません。小学校に上がる前の小さな子どもでも、**日常のなかのちょっとした場面が子どもの考える力を育てるトレーニングになる**のです。

たとえば、天気のいい日に子どもと出かけるという場面で、あえて玄関に子どもの長靴を用意しておきます。そして、いざ靴をはこうという段になったとき、子どもがどのように動くかを見てみてください。

もし、子どもがなにも言わずにその長靴をはいたとしたら、それは子どもが自分で考えていないということです。親がいつも先まわりしすぎていないか、なんでも親がきめていないか、見直してみる必要がありそうです。

長靴を見て、子どもが「なんで晴れているのに長靴なの？」と聞いてきたとしたら、それは子どもが自分で考えているということです。「なんで長靴じゃだめなの？」と逆に聞いてみます。

子どもが外の天気を見て「こんなに晴れているのに」などと長靴ではだめな理由を言ったとしたら、たくさんほめてあげましょう。

この方法をさらにレベルアップして、長靴、サンダル、スニーカーと三種類の靴を用意しておいて、子どもに自分で選ばせてみるというやり方もあります。

それも、晴れの日や雨の日でなく、くもりの日などにやってみるといいのです。三種類の靴を見て、子どもが「どれをはいていくの？」と聞いてきたら、「どれでもいいよ」と答えます。子どもが「空はくもっているけど、雨がふる心配はなさそうだし、今日は暑いからサンダルにする」などと選ぶことができれば、「よく考えたね」と言ってまたほめます。

ただし、ここでひとつ大切なことは、どの靴をはいていくかを子どもが自分できめたあと、**そのきめたことが結果的にうまくいかなかったとしても、そこで子どもを叱らない**ということです。

もし子どもが自分でサンダルを選んで出かけて、たまたま通り雨にあい、結果、足がドロドロになってしまったなどということがあっても、ここで子どもを叱ってはいけません。

そこで子どもを叱ってしまうと、子どもは「どれでもいいって言ったのはお母さんなのに。ここで怒られるなら、最初からお母さんの言うことを聞いていたほうがいいや」と思って、自分で考えることをしなくなってしまうのです。

「子どもの考える力を育てる」仕掛け

前項の靴の例のように、**子どもの考える力を育てるための材料は、実は日常生活のなかにたくさんあります。**

ふだんの親子のコミュニケーションでもそれは同じで、子どもとやりとりをするなかでのちょっとした工夫が「子どもの考える力を育てる仕掛け」になるのです。

たとえば、親がごはんをつくっていて、子どもが家族の人数分の食器やおはしをテーブルに運んでお手伝いをするという場面。

そこで、親があらかじめ棚から出しておく食器やおはしの数に過不足をつくっておきます。ほんとうは四人家族なのに、三枚しかお皿を出しておかないなど、子どもが「あれ?」と思う数にしておくのです。

いざ、お皿をテーブルに並べようとした子どもは、「ねえ、お皿が一枚たりないよ」と言うでしょう。

そうしたら、「よく気づいたね、えらいね」などと言ってほめます。

さて、この章を最初から読んでいる方は気づいたかもしれません。

この「考える力を育てる」仕掛けは、「ほめるための仕組みをつくる」仕掛けと、実は同じことなのです。

つまり、子どもが困るような場面を仕掛けておいて、その状況をなんとかしようと考えた子どもをほめる。

そうすれば、そのほめられたことが子どものエネルギーになるので、子どもは次もまた自分から考えようと動くようになるというわけです。

そして、親が事前に考えてなにか仕掛けをしておくというのは、62ページで書いた教室内の仕掛けと同じで、親にとってもプラスの面があります。

というのも、同じ「お皿が一枚たりない」と子どもから言われる場合でも、親が最初から意図して仕掛けている場面と、たまたま一枚たりなかったという場面では、見守る親のほうの心構えが変わってくるからです。

小さな子どもがいる家庭の毎日は、ただでさえめまぐるしいものです。ましてや料理をしていて手がはなせないなどという状況で、子どもから「お皿がたりない」などと言われたら、「よく気づいたね」とほめるどころか、「それくらい自分で考えなさい」などときつく言ってしまうかもしれません。

でも、あらかじめこちらが仕掛けておいたというシーンであれば、「よく気づいたね」という言葉も準備しておけるでしょう。

つまり、お皿がたりないという状況ひとつをとっても、自分があらかじめそうなることをわかっていて余裕がある場合と、たまたま事故として起きる場合とでは、親のほうの心のもち方が百八十度変わってくるということです。

その心の準備のちがいが、子どもにどう対応するか、どう言葉をかけるかというちがいになるということです。

子どもの考える余地をのこしておく

お皿の数などに仕掛けをしておき、子どもが「お皿がたりない」と気づいたときにすかさずほめる――このあとの親子のやりとりも、ちょっとした工夫で楽しいものになります。

「お皿がたりない」という子どもからの声に対して

「あれ、そうだっけ？　これと同じお皿ってどこにしまってあるんだっけ？」と親がとぼけてみてください。

すると、子どもが「食器棚のまんなかの段にあったと思うよ」などと言うかもしれません。

そうしたら、親が「よく覚えているね、すごいね」と。
またひとつ、子どもをほめる場面が生まれました。

このあとの親と子どものやりとりを、さらに続けてみましょう。

子「ほら、このお皿、ここにあるじゃない」
親「あ、ほんとうだ。ほかにはなにを出しておかなきゃいけないんだっけ？」
子「今日のごはんはなに？」
親「いまつくっているのはコーンスープなんだけど」
子「やったあ！　じゃあスプーンがいるよね」

親のほうは最初にごはんの献立を考えているのだから、お皿もおはしなども、なにがどれだけ必要かをもちろんわかっているでしょう。
そうかといって、最初から子どもに「お皿を四枚とスプーンを四本出しておいて」と言えば、子どもはその指示どおりにしか動くことができません。子どもが自分で考える余地がなくなってしまうのです。

でもここで、「お皿は何枚いるんだっけ？」「スープを食べるのに必要なのはなんだっけ？」というように、親が一歩引けば、その一歩のぶんだけ子どもが自分で考える余地がうまれます。

この余地をつくるということが大切なところで、さらに、その子どもが考えた一歩ぶんをお母さんがしっかりと認めてほめればいいということです。

このやりとりの上級編として、先ほどのスプーンのやりとりに続いて、親がその場をはなれてみるというやり方もあります。

「あ、そうだ。ゴミを出してこなきゃいけないんだった。その間に、ほかに必要なものをテーブルに出しておいてくれる？」

などと言って、いったん部屋を出ていくのです。

ゴミを出して部屋に戻ってきたときに、テーブルにスプーンもコップも全部そろえ

じゃあ このお皿とスプーンがいるね!
今日は シチューよ

て置かれていれば、それは親にとって感動のひと幕になることでしょう。

もしかすると、「え、今日はこれ使わないんじゃない？」とびっくりするようなものもテーブルに置かれているかもしれませんが、この一連のやりとりでなにより大切なのは、子どもが自分で考えることだというところを忘れないでください。

第３章

ほんとうに伝わる話し方＆教え方

——目線をそろえる

子どもがわかるものにたとえて話す

子どもになにかを説明しよう、なにかをわかってもらおうというとき、私がいつも気をつけているのは、**「その子のわかり具合に合わせて話をする」**ということです。

子どもがわかるものにたとえて話をする――子どもが「それならわかる」と思うような「たとえ」を使いながら話をすることは、親子の会話でもとても大切な話し方だと思います。

たとえば、子どもが部屋を散らかしたまま片づけていない、でも、このあと子どもの友達が家に遊びにくるので、そのまま放っておくのはまずいと思ったとしましょう。

ここで、親が「ちゃんと片づけなさい」「部屋はきれいにしておくものです」などとイライラしながら言えば、子どもは「お母さんだって普段はやらないくせに」と反発してくるかもしれません。

このときの子どもの気持ちを言葉にしてみれば、「自分だって普段から完璧に片づけているわけじゃないのに、私だけがそんなことを言われなきゃいけないなんておかしいよ」と不満に思っているのでしょう。

「片づけなさい」のひと言で子どもを動かそうとすると、子どもは親から力で命令されているように感じるので、子どもから親にも力で返ってきてしまうというわけです。

では、ここで、次のように言ってみたらどうなるでしょうか。

「お母さんも、お正月なんかはおじさんやおばさんたちも家に来るし、玄関もすごくきれいにしておくじゃない？　あなたの学校でも、新しい一年生が入ってくるときなんか、その子たちのために教室をきれいに飾っておくんじゃない？　そういうのと一緒で、今日はお友達のために部屋をきれいにしてみるのはどう？」

同じ「片づけなさい」を子どもに伝えるのでも、子どもが普段から体験している世界のことや、見ている世界のことを「たとえ」として使いながら話をしてみるということです。

「あ、そう言われてみればそうしたほうがいいな」と子どもが思うような具体的なストーリーを交えて伝えることができれば、子どものほうも納得してくれることが多いのです。

子どもにものを伝えようとするときは、大人の世界に軸足をおいて話をしても、子どもにこちらの言いたいことは伝わりません。子どもが「この人、勝手なことばかり言ってる」「その話、むずかしくてわからない」となり、大人も「なんでこれがわからないんだ」となれば、そこで会話は試合終了となるでしょう。

だからこそ、子どものわかり方を見ながら、「この子が見ている世界なら」「この子がいまわかっている世界なら」と**子どもの世界に軸足をおいて話をするスタンスがとても大切**だということです。

このような伝え方を大事にしたいのは、子どもが家で勉強をしていて、わからないところを親に質問しにくるといった場面でも同じことです。

子どもがなにかわからないことがあって、「これ、どういうこと?」と聞いてきたときに、「ほら、この前、スーパーに買い物に行ったとき、お魚のパックに三割引のシールが貼ってあったじゃない? この30%っていうのは、その三割っていうのと同じことで……」などと身近な例を使って説明してみると、子どもはきちんとイメージが浮かぶので「なるほど」となることも多いのです。

「なにがわからないのか」をまず理解する

子どもからなにか質問されたとき、子どものわかり方に軸足をおいて話をするためには、**「子どもがなにをわかっていないのか」「なにを知りたいと思っているのか」ということをまずは大人のほうが理解する**必要があります。

大人は、これまでに得てきた知識があるので、自分でも意識しないうちにその知識をあたりまえのものとして子どもにも話をしてしまうのですが、それでは子どものほんとうに知りたいことへの答えにならない場合も多いのです。

少し前のこと、ある子どもが、算数でわからないことがあると言って私のところにやってきました。その子は授業で分数を習っているところでしたが、仮分数（分子の数が分母の数以上の分数）についてどうしても納得がいかないようで、「先生、6/5というのは間違っているでしょう？」と奮然と私に訴えてきました。

聞けば、「1/5が三つで3/5。1/5が五つで5/5。では、1/5が六つなら」という問題で、その答えが6/5となることに納得がいかないと言うのです。

「だって先生、ひとつのケーキを五つに分けたひとつ分を1/5、ふたつ分を2/5と言うのでしょう？　五つに分けたケーキをひとつずつ集めていって、1、2、3、4、5で5/5。その次の6/5なんてないでしょう？」

つまり、五つにわけたものをひとつずつ集めていって1/5、2/5……としていくのであれば、そのゴールは5/5になります。

その先の6/5といったって、それはもともと存在しないものなのだから、集めようとしたって集めることができない、イメージができない、絵にも描けない。

だから、6/5というのは間違っているというのがその子の言い分でした。

そこまで話を聞いた私は、なるほど、すばらしい視点だと思いました。

たしかに、分数は、黒板にケーキの絵やピザの絵などを描いてそれを等分し、「このひとつ分を$\frac{1}{5}$と言います。そして、ふたつ分を$\frac{2}{5}$……」と教えていきます。このイメージをもとに順を追って考えていけば、$\frac{6}{5}$というのはそもそも存在しないということになるでしょう。

このように分数を習うスタート地点までさかのぼって考えれば、この子どもの疑問はこのうえなく素直な発想ですし、算数の観点からも本質を突いているといえます。

さて。

では、$\frac{6}{5}$を、この子どもにどのように説明したらいいのでしょう?

1/5
3/5
5/5
6/5…?

子どもが納得する説明の仕方

$\frac{6}{5}$が間違っていると、その子が私のところにやってきたのは、ある日のお昼休みのことでした。その場にはほかの子どもたちも数人いたので、私はそこにいた子どもたちみんなに向けて投げかけました。

「たしかに$\frac{5}{5}$までしかないのだから、$\frac{6}{5}$ってやっぱり変なんじゃないか？」

その私からの問いかけに、子どもたちはさんざん議論を始めました。どうやって説明したらその子が納得してくれるのだろう？　ああでもないこうでもない……。

ある子どもが「だから、$\frac{1}{5}$が6こだから$\frac{6}{5}$になるでしょう？」と言えば、最初に質問をしてきた子どもは「でも、その最後の1/5はどこにあるの？」と言って食いさがります。

すると、そのやりとりをじっと聞いていたひとりの子どもが口をひらきました。

「だからさ、ケーキはあなたの家にだけあるわけじゃないんだよ。ケーキはそれぞれの家にあるんだよ」

なるほど！　この説明には私も思わず膝を打ちました。

つまり、ふたりいたら、そのふたりがそれぞれの家に1ホールずつケーキをもっているというわけです。ふたつの家に1ホールのケーキがひとつずつあるのだから、全体のケーキは2ホール。その2ホールから1/5のピースを1こ、2こと順々に集めていけば、6こだって集められる――それが6/5。

つまり、最初の質問をしてきた子どもは、1台のケーキをスタートとしてストーリーを組みたてていたので、そのイメージのなかでは、どうしても〝1〟を超える分数を表現できなかったのです。

一方で、説明をした子どもは、もとの〝1〟を別々に用意してイメージを組みたてなおしたので、ケーキが2台あるというストーリーを思いついたのでしょう。最初に質問してきた子どもも、その2台あるというストーリーを聞いて、「それならわかる」とうれしそうな表情になりました。

最初の質問も、その説明も子ども発信のもので、当然子どもの視点に立ったものです。だからこそ、その子たちにすっと理解されたのです。

もう1個ケーキが
あるって考えたら
5/5だよね
これで6/5！

目線をそろえて話す、伝える

家庭でも、子どもが勉強をしていて、なにかわからないことや困ったことがあったとき、子どもから質問をされる場面はあるでしょう。

そういうときに、親が子どもに大人がわかっていることを前提に説明しても、それは子どもの「わからない」を解決しません。

先ほどの仮分数の話にしても、あらかじめ仮分数の知識がある大人は、$\frac{6}{5}$の説明などなんでもないと思うかもしれません。

そうすると「子どもはなにがわからないのか」を理解する前に、「だから、$\frac{1}{5}$が

6こあったら$\frac{6}{5}$でしょう? なんでわからないの?」などと言って説明を終えてしまいますが、これでは子どもへの答えにはならないのです。

そもそも、「$\frac{6}{5}$なんてありえない」という子どもの主張は、その子どもがこれまで勉強してきた内容をもとにイメージと数字を連動させつつ、ていねいに考えているからこその質問だったわけです。

「$\frac{1}{5}$が6つで$\frac{6}{5}$」という数字の説明だけでは簡単に納得しなかったのも、納得がいくまできちんと自分で考えたいと思っているからこその姿でしょう。

ですから、このような子どもの姿に出会ったときは、大人のほうも「たしかに、その考えでいくと$\frac{5}{5}$までしかないよね。よく考えていてえらいね」と、まずはたくさんほめてほしいと思います。

そして、もし自分でもよくわからないと思ったら、「そういえば、お父さんも小学校のころ、そこのところがわからなくて、お父さんやお母さんに『なんで?』って聞いてたなあ」などと話してもいいのです。

大人も弱みを見せれば、子どもも「やっぱりそうなんだ」と安心するでしょう。

いずれにしても、**子どもがなにかわからなくて困っていることがあったら、子どもが困るのはあたりまえだと思うことが大切**なのです。

そういう姿勢でふだんから親が子どもに接していれば、**子どものほうにも「なぜ？」を素直に考えて表現しようとする姿勢が育っていく**でしょう。


この「子どもが困るのはあたりまえ」「親も子どもと一緒に困ればいい」ということは、私は学校の保護者の方たちにも伝えています。

その話を保護者の方が覚えていてのことだと思うのですが、ある子どもが次のように日記に書いてきたことがありました。

「分数のわり算をするときに、わる数の分子と分母をひっくり返してかけ算にする理由がわかりません。だって、わり算なのに、どうしてかけ算にするのだろう？　家でお母さんに『どうして？』とたずねてみたら、『さあ、それは私もわからないけど、まずは計算ができるようになっておきなさい。かけ算にする理由は学校で博史先生が教えてくれるから』と言いました」

この日記には私も笑ってしまいました。日記を書いた子どもは、その日記を手に「先生、かけ算にする理由を教えてください」というので、その日の算数の授業ではその子どもの疑問を授業のテーマにしました。

このお母さんのように、**子どもからの質問に親もうまく答えられないことがあったら、だれかわかりそうな人にまかせてみるというのもひとつの方法**だと思います。

「説明すれば伝わる」は親の思いこみ

あるお母さんから次のような相談を受けたことがあります。

「子どもと一緒に勉強をしていて、それがうまくできないときに子どもがすぐに泣いてしまいます。私がやり方をゆっくり説明してみても、子どもは泣いて聞いていません。こういうときは、どうしたらいいのでしょうか？」

このお母さんにかぎらず、また勉強というシーンにかぎらず、親が子どもになにかを教えようとするときに、よく聞くお悩みです。

こういったお悩みへの答えは、実はシンプルで、「お母さんが子どもに説明しなければいい」ということになるのですが……この答えは意外だと思われるでしょうか。

冒頭の相談に書かれているようなシーンで子どもが泣くのは、自分ができないことがくやしいということももちろんありますが、子どもがお母さんの説明についていけないから泣くという理由のほうが大きいのです。

お母さんのほうは、やり方さえきちんと説明すれば子どもはわかってくれるはずだと思って説明をするわけですが、子どもはいくらゆっくりとていねいにやり方を説明されたとしても、本人にわかる気がないときには、まったく頭に入りません。

ましてや、ここでもしお母さんが「こうだからこうなるでしょ、だからこうで。なんでわからないの？」などとイライラモードに入ってしまえば、子どもはその時点で完全に心も頭もシャッターを閉めてしまいます。

こうなると、親がどう説明したところで、もう子どもの耳には入らないのです。

では、どうするのがいいのかというと、**まずは子どもだけで、しばらく自由に考えさせてみる**ことです。少し時間をあけて、子どもが対象に興味をもつための時間をつくります。

大切なのは、先まわりしないということです。

ワークシートでもゲームブックでもプラモデルでも、子どもに取りくませたい課題があったら、まずはその課題を子どもの前に置いて、親はその場をはなれてみます。「なんだかこれ、おもしろそうね。でもこれ、どうやってやるんだろうね。あ、お皿を洗わなきゃいけないんだった」などと言って、いったんその場からいなくなるのです。

子どもは、目の前の課題がおもしろそうだと思えば、ルールややり方など理解していなくても、試行錯誤しながらやってみようとします。電子絵本でゲームをする場面ひとつとっても、最初に書かれているルール解説ページなどは読みとばして、いきなりゲーム本番の一ページめにジャンプします。そこにボタンがあればそのボタンを押してみたりして、「あ、音が出た。すごいすごい」などとやってみるのです。

そして次のページにいって、一ページめでやったのと同じ操作をしてみると、「あれ、音が出ない。なんでなんで」。そこで本に切り替えスイッチがついているのに気づいてそれをカチッとやってからボタンを押すと「お、音、出た」となる。そういうことならと思って三ページめをめくって、今度は最初にスイッチを切り替えておいてからボタンを押して、「やっぱり、音、出た」。

そうして試行錯誤をして学んでいきます。

お母さんは、お皿を洗いながら、そういう子どもの動きを気にしておきます。そして、タイミングを見て子どものところへ戻り、「えっ、もうこれ、やっちゃったの？すごいね」などとほめます。

さらに、「これ、一ページめと二ページめでちがうよね。これどうやってやるの？」と子どもに聞けば、子どもは「実は、ここにスイッチがあってね」などと説明してくれるでしょう。

このように子どもが自分で説明することができれば、それは子どもにとってもいちばん頭に入ることなのです。

子どもは
自分が動きださないと疑問をもたない

笑い話として私がよく講演などでお話しするのは、その昔同僚だったある図工の先生のお話です。

その先生は、ていねいな性格ゆえにとにかく説明が長い人で、授業で作品づくりをする場合でも、その工程すべてを授業のはじめに子どもたちに説明していました。「最初にこの紙をここに貼って、こういうときにはこうして」うんぬんと、作品のつくり方を細大もらさず説明します。

聞いている子どもたちは内心「説明はもういいから、はやくやらせて」と思っているのですが、先生のほうはまだ気持ちがすっきりしないよう。

やっと一度めの説明が終わったと思ったら、「じゃあ、もう一回確かめてみるよ」と、またいちから説明が始まるという始末です。

そしていよいよ先生が「さあ、では作品づくりを始めましょう」と言うと、ひとりの子どもがつかつかと前に出てきて「先生、この紙を貼るの？」と質問しました。とたんに、その先生は「最初にちゃんと説明したでしょう。お話を聞いていない人にはもう説明しません！」とイライラモードになったというお話。

もちろんこれは今となっては笑い話ですが、このときの先生の気持ちも、子どもの気持ちも、それぞれに想像してみると、とてもよくわかるのではないでしょうか。

先生のほうは、いざ作品をつくる段になったときに子どもが困らないようにと思って、できるだけていねいに説明をしようとしているわけです。

一方の子どもはといえば、はやく作業を始めたくてうずうずしていますし、長々と説明されても、そんなに一度には頭には入らない。それで、すれちがいが起こってしまったというわけです。

前項で書いたお母さんのお悩みというのも、もとをたどれば、この図工の先生の話と同じでしょう。

大人の理屈としては「私がこんなに言ったのに子どもが聞いてくれない」ですが、子どもの理屈は、実際に**動きだしてみないと疑問なんてわいてこない**なのです。

図工の作品づくりで言えば、「ん？　これってどっちが前なんだっけ？」という状況になったときにはじめて疑問が生まれて、先生に聞きたくなるのです。

そこで大人が「授業の最初に、つくり方の三番めのところで、きちんと説明したはずでしょう？」とイライラすれば、そのイライラを感じた子どもはそれ以上、大人に質問できなくなってしまいます。

これでは、大人も子どももイライラの種が増えるだけです。

だからこそ、まずは子どもに時間をあげて放っておくということです。

親は自分がわかっていることで子どもができないのをみると、口をはさみたくなってしまうので、それにブレーキをかける意味でも、いったんその場をはなれてみます。

そして、子どもが自分で動きだしてから疑問をもったことに答えたり、子どもが自分でできたのであれば、その説明を「すごいね」と聞いたりすればいいのです。

ところで、「子どもは動きださなければ疑問をもたないので、動く前にいくら大人がていねいに説明したところで、子どもは聞いていない」ということを逆手にとって、私はときどき、説明をわざと何カ所かとばすということもやっています。

そして、「こういう説明だったら、絶対にここところを聞きにくるはずだよな」と思って、いったん待ちます。それで子どもが「ん？」となって「ねえ、先生」と私に聞いてきたら、「よく説明を聞いていたのだなあ」とニコニコしてその質問に答えるというわけです。

先ほどの図工の先生の場合とはちがい、自分で説明をとばしているわけですから、私のほうにも余裕があります。質問するということは、子どもがきちんと説明を聞いていたということなので、むしろそのことをほめたくなるでしょう。

ふだんからこのようなやりとりをしておくと、子どもは安心して質問にくるようになります。**「自分が困ったときは、この大人には質問をしてもいいんだ」と子どもが思える関係づくりも大切**なことだと思うのです。

三日坊主が五日坊主になる「親のひと言」

「夏休みの親子相談室」というラジオ番組に、私が出演したときの話です。

その番組は、子育てに関する悩みや疑問について、お母さんたちから電話で質問をもらい、私がその質問に答えていくというものでした。

番組のなかで、あるお母さんから次のような相談を受けました。

「うちの子どもは、なにをやらせても三日坊主なんです。勉強でもスポーツでも、最初はやる気になって取りくむけれど、三日もたてば、そのやる気はどこかにいってしまうようです」

私は「三日坊主、すばらしいですよ」と答え、続けてお母さんにたずねました。

「ところで、お母さんは、その三日間になにをしましたか?」

そのお母さんの答えは「?」でした。


そこで、私は言いました。

「花も三日間水をやらなければ枯れます。

三日坊主ということは、三日間は子どもががんばっていたということでしょう。

がんばっている子どもの姿を見ながら、お母さんが水をあげればよかったのですよ。

子どもに水をあげるというのは、子どものがんばりを認める、子どもをほめるということです」

子どものエンジンがかかっている三日の間に、お母さんが
「へえ、あなたはこんなこともがんばっているんだね、すごいね」
「こんな計画をこなすことができるなんてすごいね」
などと声をかければ、三日坊主は必ず五日坊主くらいにはなります。

とはいえ、五日坊主にさらに水を注いで十日坊主にすればいいかというと、私はそうは思っていません。

というのも、最初に立てた計画をもとに実際に動いてみたとき、五日ほどたつと最初に立てた計画の甘かったところも見えてくるからです。

朝の勉強のスタート時間を◯時にしていたけれど、◯時だとまだ寝起きで頭がぼんやりしているのでもう少しスタートを遅らせたほうがいいなあとか、野球の素振りを毎日△回するということを目標にしていたけれど、さすがにそれでは回数が多すぎるなあとか。

そういったことが子どもの目にも親の目にも見えてきたら、子どもに「この五日間のがんばりはすごかった、さすがだった」とほめつつ、「でも、ちょっと張りきりすぎたのかもしれないよね。もうちょっと回数を少なくしてみるというのはどう？」などと言って、また一緒に計画を練りなおせばいいでしょう。

つまり、夏休みは、五日坊主で十分ということです。五日たって最初の計画の弱点が見えてきたら、そこでまた改めて計画を立てなおせばいい。立てなおした計画をもとにまたがんばってみて、五日後にまた計画を立てなおして……そうやって五日坊主が六回続けば一カ月、夏休みは終了です。

ところで、**子どもと親が話しあって計画を立てるときに大事なのは、子どもも親も、お互いが冷静なときに話をする**ということです。

子どもが自分の計画をこなせずイライラしているときなどに話をしたとしても、子どもは聞く耳をもちません。親のほうも「なぜこの子は自分で立てた計画を守れないのかしら」などと思っていれば、子どもと一緒に落ちついて計画を見なおすことができなくなるでしょう。

親子で話しあって約束ごとをする場面では、お互いがひと呼吸おいてから落ちついた状況のときに話す。そのタイミングや状況づくりも大切にしてほしいと思います。

第４章

「できない」のではなく「体験不足」なだけ

――子どもを見る

「子どものほんとうの姿を見る」ヒント

ベテラン教師とよばれるようになった私にも、もちろん子ども時代というものがあり、小学校にかよっていました。何十年も前のことですし、ひとつひとつの出来事をきちんと記憶しているわけではないにせよ、その子ども時分の私が親や教師に対して感じていたことは、教師という仕事において少なからずヒントになっています。

親や教師に接しているときに、なにを考えていたのか、どう感じていたのか。なにをされたときにうれしくて、なにをされたらいやだったのか。

楽しかった思い出はもちろんのこと、ときには苦い思い出も、私が子どもに接するときに大切なことを教えてくれるヒントになっています。

小学校時代の苦い思い出として私がまっさきに思い出すのは、ある音楽の先生のことです。その先生に授業中いつも怒られていて、子ども心にそれはもう地獄のような時間でした。

「この子は人の話を聞かないで、動きまわる子だ」、そういう固定観念をもって見られていたので、ちょっとクラスがざわついたりすると、いつも私に注意の矛先が向かってくるのです。

だから、音楽の授業にいくときはいつも「今日は怒られないようにしよう」とおとなしくしているのです。でも、ななめ後ろに座っている子どもがふざけて私をちょんちょんと突ついてくる。

それで、その子のほうを向いて「いや、だめだって、やめたほうがいいって」と言うと、それを見た先生からすかさず「ほら、またちょっかいを出して」と私が怒られるというパターン。

固定観念をもってみると、一事が万事、すべてがそのように見えてくるということがあるわけです。

親が子どもを見るときも同じことが言えるでしょう。兄弟でケンカをしたらいつも「お兄ちゃんが悪い」となるとか、この子は整理整頓ができない子だとか……。

子どもに接している大人がいったんそのような固定観念をもってしまえば、子どものほんとうの姿が目に入ってこなくなるということがあるのです。

私自身も、自分が教師になって子どもを見る側の立場になってから、この「子どものほんとうの姿を見る」ことの大切さをあらためて実感した出来事がありました。

私のクラスにいた、ひとりのやんちゃな男の子の話です。

その男の子は、なにかと問題が多いと言われている子どもでした。子どもたちの間でなにか事件が起きると、必ずその子がかかわっているというタイプの子どもです。教師の間でもトラブルメーカーとして知られていて、まわりの先生たちからも「先生のクラスのあの子、なんとかしてください」と言われていました。

ある日のお昼休みのこと、私が教室の窓から校庭を見ていると、ドッジボールをしているグループの子どもたちがもめていました。そのなかには当然のようにそのやんちゃな男の子がいます。私は内心「またか」と思いつつも、まずはことのなりゆきを見てみようと思って、そのまま子どもたちの様子をながめていました。

すると、教室にいたひとりの女の子が私のそばにやってきて言いました。

「◯◯くんは、ほんとうはさっきまで鬼ごっこをしていたんだよ。でも、ドッジボールのグループがもめているのに気づいて飛んできたの。◯◯くんは、いつもそう。どこかでもめごとが起こるとそこに入っていって『いまのはこっちが正しい』『こっちが間違ってる』ってジャッジをするんだよ」

子どもを「点」ではなく「面」で見る

トラブルメーカーと言われていたその男の子は、みずからがトラブルを起こしているわけではなく、ほかのグループで起こっているトラブルを収めにいっている――そのように女の子が私に教えてくれたのですが、校庭での様子を続けて見ていると、たしかにその女の子の言うとおりでした。

また別のグループでもめごとが起こると、その男の子はすぐに飛んでいって、「いや、待て。いまのはおまえがこうしたからいけないんだ」と言っています。

つまり、その男の子は、自分ではトラブルを収めにいっているつもりなのです。でも、トラブルを起こした当事者の子どもたちからは「おまえは関係ないだろう」とやっかい者あつかいをされる。そうこうするうちにケンカになって、そのケンカを見つけた教師から叱られているというのが、ことの顛末でした。

一方の当事者たちやまわりにいる子どもたちは、トラブルに巻きこまれるのがいやなので、その場でほんとうのことを言いません。教室にいた女の子は、私とふたりだけのときだったので、巻きこまれる心配もないと正直に話してくれたのです。

そこまで事実の全体が見えたとき、私のその子を見る目は百八十度、変わりました。なにかトラブルが起きたとき、巻きこまれるのを面倒だと思ってわれ関せずという子どもたちが多いなか、その男の子はみずから面倒な役をかって出ていた。その男の子の動きは、実はもっとも愛すべき姿なのではないかと私の目には映ったのです。

子どものほんとうの姿を見ようとするときに大切なのは、子どもを「点」ではなく「面」で見ることだと思います。

子どものいまの姿を「点」とすると、その前後の時間までつなげたその子どもの動きが「線」になります。さらに、その場の状況やほかの子どもたちとの関係性もふくめて線に幅をもたせたときに「面」ができる。

この「面」が出来事の全体ということで、その面が見えた瞬間に、「点」の見え方がガラリと変わるということがあるのです。

「点」を見るとき、「線」の中の「点」、「面」の中の「線」の中の「点」と全体を見わたして観察するようになると、子どもの姿のとらえ方も変わってくるのではないでしょうか。

before
after
トラブルの点
Look

一歩引いて、子どもを見る

点ではなく面で見る——**子どものほんとうの姿を見るためには、子どもの世界を大人が少しはなれたところから見てみる**という経験が必要です。

親子が向き合っておしゃべりをするとか、親子で一緒になにかに取りくむなど、親と子どもが直接的にかかわる場面ではなく、親を抜きにしたところで展開されている子どもだけの場面をそっと観察してみるのです。

観察する場面というのは、子どもがひとりでなにかに取りくんでいるところでも、公園でみんなで遊んでいるところでも、子どもの友達が家に遊びにきたところでもいいのです。

その場面のなかに親の自分が登場しているという意識ではなく、目の前で展開されている子どもの姿を、親が一歩引いて見る。自分は映画館の観客席にいて、子どもが出演している映画をその席からながめているようなイメージです。

すると、先ほどのやんちゃな男の子のときのように、これまでは見えていなかった子どもの姿が、突如として見えてくることがあるのです。

「なるほど。私の子には、こんな側面があるのか。これはまずいな！」と。


でもここで、あわてて子どもの世界に介入すれば、とたんに子どもの世界が変わってしまいます。続きをがまんして見ていればもっと別のなにかが見えてきたかもしれないのに、自分がなんとかしなければとあせってスクリーンのなかに飛びこんだが最後、そのあとのストーリーまでもが変わってしまうというわけです。

先ほどの男の子の一件も同じことです。ケンカの場面だけを見て、あわてて大人が介入したりすれば、とたんにまわりの子どもたちまでもが口をつぐみます。そうしていったん子どもの世界が変わってしまえば、その先に続くはずだったストーリーはもう見ることができなくなってしまうでしょう。

親が子どもに接するときも同じで、「ほら、◯◯ちゃん、だめよ」と親が子どものの動きを止めたりしていますが、私には、親が出るタイミングが早すぎるのではないかと感じることがあります。ここで子どもを止めなければ、このあと子どもがなにか悪いことをしてしまうのではないかとか、人に迷惑をかけてしまうのではないかと思って、あせってそうしてしまうのでしょう。

もちろん、子どもの身の安全にかかわるとか、親どうしの人間関係にかかわるといった場合には、すぐに親が踏みこまなければいけないこともあります。

しかし、子どもどうしの小さないさかいやケンカなどは日常茶飯事ですし、ケンカしていると思っていたら十分後にはニコニコと手をつないでいる姿など、子どもの世界では実によくあることなのです。

ですから、大人がすぐに割って入らず、その続きや背景まで見てみるほうが「ああ、あのとき叱らなくてよかった」という結果になることも多いのです。

子どもを見る目を育てる「子どもウォッチング」

一歩引いて子どもを見ることの大切さは、教師向けの講演などでもよくお話ししています。

とくに教師になってまもない先生や若い先生にすすめているのが「**子どもウォッチング**」——昼休みなどにクラス名簿をもって、学校のなかを歩きながらひとりひとりを探してみるという体験です。

「あそこにクラスの◯◯さんがいる。あ、△△さんと遊んでる。へえ、このふたりは仲がいいんだ」などと思いながら、見つけた子どもの名前にチェックを入れていくのですが、先生たちには「子どもを見つけても、その場で子どもに声をかけないように」と教えています。

というのも、この子どもウォッチングは、子どもたちの世界に教師が介入することが目的ではなく、子どもの世界を教師が一歩引いて見てみるというところに意味があるからで、いわば子どもを見る目を育てるためのトレーニングなのです。

親子の場合でも、この子どもウォッチングは、ぜひやってみてほしいと思います。

子どもどうしの関係性を見るという目的だけではなく、たとえばその子どもがなにに興味をもっていて、どんなことが好きなのかということも、一歩引くからこそ見えてくるからです。

たとえば、親子で科学館や美術館などの施設に行くときなども、子どもが五歳くらいであれば、親がどこかのタイミングで子どもから少しはなれてみるといいのです。そうして距離をおいたところから子どもの動きを見ていれば、その子どもの興味がよ

そっか！
ウチの子は
魚が好きなんだ

く見えてきます。

ここでの滞在時間が長いなあとか、ずっとこの映像をながめているなあとか……子どものそばにぴったりついてまわるのでは目に入ってこないような子どもの動きに気づくことができるでしょう。

さらに、もし同じ施設に何度も行く機会があるなら、親が子どもからはなれる場所をそのつど変えてみるといいのです。

一度目に、その施設の目玉コーナーまで子どもを連れて行ってそこで親がはなれたとしたら、次は、その目玉コーナーよりももっと手前ではなれてみる。そうすれば、親の意図とは関係のない子どもの自由な動きが、より見えやすくなります。

このように、一歩引いて子どもを見てみると、こちら側の視野が広がるぶんだけ、子どものほんとうの姿が目に入ってくるのです。

ときには大人が子どもを頼ってみる

これまでたくさんの子どもたちを見てきて思うのは、**子どもというのは、実は私たち大人が思っている以上にたくましい**ということです。

こちらの目にはまだ頼りないと映っていた子どもでも、大人を頼ることができない状況に直面したとたんに、急にしっかりすることがある。その大人顔負けの頼もしさに、こちらのほうが思わずはっとさせられる。

そのような場面には、私自身の子育てをとおしても、教師として子どもと接するなかでも、数えきれないほど遭遇してきました。

数年前、私が五年生を担任していたときの「クラス劇」での出来事も、私がそんな子どもたちの底力を実感したエピソードのひとつです。

私の学校では、小学校教師を対象に授業を公開する授業研究会というものを行っています。講堂の舞台上に黒板や机を並べて教室と同じような環境をつくり、そこで子どもたちと授業をする、いわば授業ライブのようなもので、客席にいるのは全員、全国から来る小学校の先生方という場です。

当時、五年生のクラスを担任していた私は、その研究会の企画のひとつとして、授業のほかにクラス劇を公開するというプログラムを組みました。文化祭のためにクラスの子どもたちと一緒につくりあげた劇を公開することで、お客さんである全国の先生方に、授業以外での子どもたちの姿も見てもらいたいと考えたのです。

研究会当日、客席千席が満員のなか、舞台上で劇が始まりました。

子どもたちが練習に練習を重ねてきた劇です。私は舞台袖で子どもたちの姿を見まもりながら、効果音やＢＧＭなどの音響操作を担当していました。

その日の子どもたちのがんばりはいつも以上で、劇は順調にすすんでいました。そして、いよいよクライマックス、子どもたち40人全員が舞台上に並び、音楽に合わせて合唱するというシーンにさしかかったとき……事件が起こったのです。

用意していた音楽が流れない。原因は音響機材の故障でした。舞台袖にいる私がCDをプレーヤーで流す手はずになっていたのですが、そのプレーヤーがうんともすんともいいません。本番前に音響の動作確認はしていたのですが、本番というまさかのタイミングで万が一の一が起こってしまったのです。

会場はシーンとしています。舞台上の子どもたちもなにかおかしいと思って、舞台袖にいる私のほうを横目でちらちらとうかがっています。私もなんとかしなければと思いましたが、機材の故障ばかりは、どうにもなりません。

かといって、劇を中途半端なままで終わらせるわけにはいきません。そのうえ、研究会は時程がきまっているので、大幅に長引かせることもできない、時間がない。

劇を続行する方法を、なにか別の方法を考えなければ。

音響機材に見切りをつけた私は、舞台袖の階段を駆けおり、客席フロアにつながるドアを開けてフロアに飛びだしました。そして舞台上にいる子どもたちに言いました。「突然ですが、一分間スピーチ！　まかせた‼」

子どもたちに「この場をしばらくつないでくれ」と目くばせし、私は客席の間を駆けぬけて、いったん講堂を出ていきました。

——この続きの出来事は次の項で書きますが、この日、客席で一部始終を見ていた先生たちは、私が子どもたちにスピーチタイムを告げて出て行った瞬間、「なんて無茶なことをするんだろう」とおどろいたそうです。

「自分があのときの先生の立場だったら、とてもじゃないけど子どもたちにあんなこと言えないです」「自分が舞台上にいる子どもだったらと思うと、あれだけ大人がたくさん見ている場で急にスピーチなんてできません。絶対にかたまっちゃう」と。

私自身もおどろいた「子どもたちのほんとうのすごさ」

舞台上の子どもたちに「一分間スピーチ」と言いのこして私はいったん講堂を飛びだし、数分後にまた講堂に戻りました。

講堂を出て戻るまでの数分間、私は会場を不在にしていたわけですから、その間に会場で起こった出来事は自分の目では見ていません。その間の話は、客席にいた先生たちや、講堂にいた私の同僚の先生たち、そしてクラスの子どもたちがそれぞれ、あとから私に教えてくれました。

私が「一分間スピーチ」と子どもに投げかけたあと、舞台上ではなにが起こっていたのか――実はあのような場面でも、私のクラスの子はすぐに何人かの子どもたちが「僕が言う」「私が話す」と手を挙げ、ひとりずつが順に話すことになったそうです。

その子どもが客席に向かって「では、このあとの劇の見どころをお話しします」と説明しようとしたら、となりの子どもがすかさず「いや、それはやめよう。だって、このあとの劇を観る楽しみがなくなっちゃう」と制して、最初に話した子どもも「あ、たしかにそうだ」と答えて……スピーチというよりは子どもたちどうしの会話で、舞台上のやりとりがすすんだということでした。

そして、ある子どもがひと言、「僕たちは、こんなこと毎日経験しているから、全然たいしたことありません」

そこで会場は爆笑につつまれたそうです。

私が同僚の音楽の先生をつれて講堂に戻ったのは、ちょうどそのころのことでした。その先生は私のクラスの音楽の授業を受けもっていて、劇のこともよく知っていたので、CDで流す予定だった曲を講堂のピアノで伴奏してもらおう。

それが私が講堂を不在にしていた間に考えた打開策だったのです。

音楽の先生がピアノのイスに座り、中断していた劇が再開、そこで私がほっとしたのもつかの間……またも小さな事件が起きました。

伴奏のキーと歌のキーが合っていない。子どもたちが歌うはずだったCDと、音楽の先生の楽譜とでは、キーが異なっていたのです。

このときもまた少し会場がざわめきましたが、そこはさすがの子どもたちで、歌いながらキーを調整していき、最後は伴奏と歌のキーがぴったりと合いました。

こうして、劇も無事に幕を閉じ、最後はたくさんの拍手をもらいました。

このときの劇は、子どもたちの授業以外の力も全国の先生方に見てもらいたいと思って企画したプログラムだったわけですが、結果的には、事件が起きたからこそ、より子どもたちの力が発揮されることになりました。私も内心は冷や汗の連続でしたが、私自身があらためて、子どもたちの底力を再発見したひと幕となったのです。

いまでも、このとき客席にいた先生方とお話しをしていると、「あのときの子どもたちの力には、ほんとうに感動しました」という言葉をたくさんいただくことがあります。

失敗する大人の前では、子どもも気軽に失敗できる

私の授業を見にくる先生方から、よく「田中先生のクラスの子どもたちは、とにかく自由に話すし、なんといっても普段からイキイキしているように見えます」と言われます。

「どうしたら、子どもたちがそんなにイキイキとするのですか？」

その質問に対する答えは、おそらく、私自身が子どもの前で失敗することを恐れていないからだと思います。**失敗する大人の前だと、子どもも気軽に失敗できるというよさがある。それが子どものイキイキした姿につながる**のではないでしょうか。

大人が一生懸命やっている姿勢を子どもに見せることはとても大事なことだと思いますが、それは、大人が失敗してはいけないということではありません。子どもに接している大人が「失敗してはいけない、完全にしなければいけない」という思いで自分を縛りつければ、子どもにも同じことを押しつけるはずです。

それでは、子どもの動きもかたくなりますし、子どもがイキイキと話したり考えたりすることができなくなるでしょう。

子どもと接しているときの私は、いまも自分が子どもたちのなかのひとりのように感じることがありますし、先ほどお話ししたクラス劇の顛末のように、私の失敗を、むしろ子どもが何倍もの力でフォローしてくれるということも少なくないのです。

子どもたちにフォローしてもらったという例で言えば、こんなこともありました。

次の日に保護者主催の学校行事があるので、そのための準備をするという前日、クラスの子どもたちに言いました。

「明日から、お母さんたちが学校にやってきて、この教室をお祭りに使うんだ。いまからみんなで片づけをしよう」

そうして私が、「じゃあまずは、『ここをなんとかしなければいけない』と思うところを自分で探して取りかかろう」と言ったとたん、クラスの女の子たちがいっせいに私の机のまわりに集まってきたのです。

「え？」と思ったら「ここがいちばん問題なんです」と言われてしまって「そうか、ここか」と冷や汗をかいたこともありました。

ただ、このときに私がうれしく思ったのは、「片づけよう」と指示をしたときに、子どもたちが自分の机ばかりに目を向けるのではなく、指示をした張本人である私のまわりに集まってくれたということです。そして、高学年の女の子が「まったくもう～」と言いつつ、にこやかに片付けてくれる……。

実際に私の机（確かに片付けは苦手です）がいちばんの問題だったからだとしても、私と子どもたちとがそうして肩を並べるような関係をときどきうれしく思っています。

お父さんやお母さんが子どもに接する場面でも、子どもが四、五歳くらいであれば、**「親が子どもに教える」というより、「親子で一緒に相談する」「ときには親が子ども**

を頼ってみる」といったスタンスで接してみると、実はお互いにとってうまくいくことも多いものです。

たとえば、近所のスーパーに買いものに行くとき、わかれ道のところで「今日はどっちから行く？」と子どもに聞いてみたり、「こっちのキャベツと、こっちのキャベツだったら、どっちのほうがおいしそうだと思う？」「なにか買い忘れているものはないかな？」などなど。

すると、こちらがびっくりするような発見を、子どもがしてくれることもあるかもしれません。

もっと子どもにまかせていい

子どもにかぎらず大人でも、イキイキしている人、のびのびしている人というのは、その場の状況や相手に応じてアドリブで対応する力のある人だと思います。

不測の事態に強い人、即興で場の流れをつくることができる人、と言えばいいでしょうか。

だれかと話しあいをするという場面ひとつをとっても、こちらが最初にシナリオをきめておき、そこから外れないように、最初に敷いたレールから逸れないようにと考えていれば、その雰囲気は相手にも必ず伝わります。

相手にしてみても、自分がなにをいくら言ったところで結論は変わらないのだからと思えば、話しあいに参加しようとする気持ちすらなくしてしまうでしょう。

それでは、せっかく話しあいという場を設定しておきながら、最初にこちらが用意しておいたシナリオ以上のものをつくることはできません。なにより、自分も相手もその場を楽しめなくなってしまうはずです。

コミュニケーションというのは、いつも相手あってのものです。

自分と相手とでやりとりをしながら、お互いが臨機応変に調整して内容をつくっていくことができれば、コミュニケーションそのものがイキイキとします。

なにがなんでも自分の言うことに相手を従わせようとか、その逆に相手の言うことを受け身で聞いていればいいというようなことでなく、お互いにディスカッションしながら、お互いがその場を楽しめるようになる。

そうすれば、話しあうことでなにかを決定しなければいけないという場面でも、よりよい結論へとたどりつくことができるはずです。

これは、相手が子どもであれ大人であれ、私がふだんから大切にしている姿勢ですし、子どもたちと授業をするときの私の基本姿勢でもあります。

五年生のクラス劇で子どもたちが見せたアドリブの力は、そのあともいろいろな場面で「すごかった」という声をいただきます。

とくに、音響故障のトラブルが起きたとき、私が子どもたちに「一分間スピーチ」と言いのこしてその場をはなれた場面に話題がおよぶと、「先生は、よくあんな状況で子どもたちに無茶ぶりをしましたよね」と言われます。

たしかにあのシーンだけを切りとってみれば、私が子どもに無茶なことをさせているると思うのは当然なのでしょう。

でも、あのときのことは、私が「この子たちならできる」と思ったからまかせたというのが本音なのです。

授業をふくめ、クラスで共有してきた時間全体のなかで、子どもたちが成長している姿を見て、この子どもたちだったらこの場面でこういうことをまかせても必ずこたえてくれるだろう、やってのけるだろうと信じていたからこその判断でした。

そもそも、子どもたちとのそういった信頼関係がなかったら、私自身、あのような対応をするという発想すら浮かばなかったと思います。千人のお客さんがいる本番中、音響の故障というトラブルでドキドキしていたのは、子どもだけでなく私だって同じだったわけですから。

「できない」のではなく「体験不足」なだけ

そもそも、子どもたちと劇をつくるという過程そのものが、実はアドリブの連続でした。というのも、劇の練習の段階から、子どもたちはアドリブでセリフを変えるということをやっていたのです。

劇の台本自体は、私が書いたオリジナルのものを全員に渡していますし、話の大筋はその台本にそって展開していきます。ただし、ひとりひとりのセリフは、「その場に応じて言いやすいように変えてもいい」と練習の段階から子どもたちに伝えてありました。台本よりもいいセリフを思いつけば、そのときは自由に変えていいよ、とも。

すると、子どもたちはその役に入りこむので、台本を棒読みするのではない、気持ちのこもった演技になります。そうして練習を重ねるにつれ、セリフは子どもたちのアイデアで進化していきました。

さらにすごいのは、練習だけでなく本番でも、子どもたちがアドリブでセリフを変えてしまうというところです。本番中にだれかがアドリブでセリフを変えると、そのシーンに登場している子どもたちはそのアドリブに応じてもとのセリフをアレンジします。まさにアドリブの応報、子どもたち同士がアドリブにアドリブでこたえながらもとの大筋に戻していくわけです。

そのアドリブのなかで、セリフをとばされてしまう子どもがいたりすれば、そのとばされた子もタイミングをはかって「でもさ、さっき、この話を忘れてたでしょうけど」などとリベンジしてきます。そんな子どもたちの役者魂は、見ている私もうなってしまうほどのものでした。

練習をすれば、子どものアドリブだって必ず上達します。こんな姿を知っていたからこそ、あのトラブルの場面でもまかせてみたのです。

劇の本番だけを見た人は、本番でのアドリブが突然ふってわいたもののように見えておどろくわけですが、子どもたちが本番で出す力というのは、本番前の練習の積み重ねに支えられていたのです。

子どもがなにかできなくても、それは体験不足なだけ。

私はいつもそう考えて、子どもたちと向き合っています。子どもは経験が少ないのだから、やり方がわからない。だからできない。

こうして言葉にするとあたりまえのことを、大人は忘れがちです。

私たち大人だって同じでしょう。弾いたことのない楽器をいきなり上手に演奏できるわけはないですし、やったことのないスポーツで最初から勝つこともできません。練習なしに、なんでも最初からできるわけじゃない。

だからこそ、本番で力を出したいなら、その前に練習をする、経験を重ねるという準備が欠かせないのです。

本番前に3分間、練習をするだけで……

本番前の練習で子どもの動きが変わるのは、子どもがなにかむずかしいことに取りくむ場合だけでなく、日常の小さなことでも同じです。

たとえば、新幹線や飛行機のなかで、子どもが脚を通路のほうに投げだして座っているのを親が「ちゃんとしなさい」などと怒っている場面を見ることがあります。

でも、この怒られているときの子どもの気持ちを言葉にすれば、「え、いつもと同じことをしているだけなのに」となるはずです。

ふだん、家で同じような座り方をしていてもなにも言われないのに、なぜいまだけこんなに怒られるのか、大人が怒ることの意味がわからないのです。

こういう日常の場面でも、事前の練習をすればいいのです。**練習といっても、遊び心ひとつで簡単にできます。**

家のソファーやイスに子どもと一緒に座り、「はい、新幹線のなかだよ」と伝えて「何分間、じっとしていられるか競争しようか」などとやってみます。

だいたい3分間——3分というのは意外と長いもので、練習で3分をがんばることができれば、実際に乗りものに乗ったときにも、子どもはちゃんとがんばることができるものです。

このような事前練習は、私も学校の子どもたちと一緒にやっていることです。

修学旅行中、京都のお寺で座禅を体験するというプログラムが本校にはあります。旅行に行く前に教室をお寺と仮定して座禅を組む練習をしておくのです。練習の時間は、およそ15分。

教室で子どもたちが静かに座禅を組んでいるなか、私が住職という設定で、拍子木

じっとしていられるかの競争だよ

じっとしている競争だ

に見立てた棒をもって子どもたちの間をまわり、ひとりの肩をパンとやる。

すると、その瞬間に必ずなにか冗談を言って笑わせようとする子どもがいて、ほかの子どもたちもそれにつられて笑いだします。これはもう定番といっていいことで、子どもはシーンとしたなかでなにか動きが起こることをおもしろがるものなのです。

そうしたら、私は「実際にお寺でお坊さんがいる前でも、そうやってふざける？みんな笑う？」と子どもたちに伝えておきます。これで練習は終了。


この練習をせずに修学旅行本番ではじめて座禅を組む子どもたちは、先ほどのように必ず笑わせようとする子どもがでてきます。

でも、たった一回、事前に練習をして雰囲気をつかんでおくことができれば、本番で子どもたちはみごとに静かに座っていられるのです。

つまり、この座禅の事前練習とは、子どもたちが「なにをやったらいけないか」を知るための練習、本番に先がけて失敗をしてみるための練習ということです。

第５章

大人だって失敗してもいい！

――見方を変える

迷うのも悩むのも、親ががんばっている証拠

私は三人の子どもの親ですが、子どもたちがまだ小さかったころのことを思いかえすと、自分でも赤面してしまうような子育ての笑い話がたくさんあります。

教師という仕事のなかでたくさんの子どもたちを見ているからと思っていた私でも、自分の子どもを育てるというのは、やはりはじめての経験の連続でした。

たとえば、長男が幼稚園にかよっていたころのことです。長男はときどき幼稚園の先生のところに行って手を差しだして「爪、切って」と先生にお願いしていたということがありました。

それが何度か続いたある日、私と妻が幼稚園をたずねた折に、その先生から指摘をうけたのです。

「息子さんだけですよ。爪を自分で切らずに、私に切ってと言ってくるのは」

先生の指摘に、私と妻は思わず顔を見あわせました。そして、園内を走りまわっていた息子と同じ年齢の子どもたちに目を走らせました。

ここにいる、こんなに小さな子どもたちが自分の爪を自分で切っている？　まだ小さい（と思っていた）息子が自分で爪を切っている姿など、私も妻も想像すらできなかったのです。

そこで、「え、もう自分で切らせてもいいんですか？」と私がおそるおそる先生にたずねると「みんなそうしていますよ」

「深爪したりしないんですか？」と今度は妻がたずねると「するかもしれませんね」

「深爪しても大丈夫なんですか？」「また生えてきますから」

幼稚園の子どもでも、年長くらいならば自分で爪を切ってもいい。実際、ほかの子どもたちはみんなそうしている。

幼稚園の先生が教えてくれたその事実に、私と妻は心底おどろいたものです。

爪切りとはいえ刃物だし、子どもに自分で切らせるのはまだ早いと思って、家では必ず私か妻が切ることにしていました。私も妻もそれが当然だと思って、疑ってみたこともありませんでした。

だから息子も、爪は大人に切ってもらうのが当然のことと思って、幼稚園では先生にお願いしていたのでしょう。

ところが、フタを開けてみれば、それはわが家だけの思いこみだったというわけです。妻はもとは養護教諭（保健の先生）でしたし、子どものことはそれなりによく知っていると自覚していた私たちでも、相手が自分の子どもとなれば、こんなことが起こるのです。

この思い出はもちろん笑い話の範疇ですが、こうした日常の場面でも、子どもの成長にかかわる場面でも、子育てをしていくなかで、親は大なり小なりたくさんの「はじめて」に直面します。

とくに**子育てというのは正解のない**世界ですから、親の思ったとおりにはいかないことや、どのように子どもに対応すればいいのか迷うことが日々たくさんあるでしょう。それは学校で子どもたちに接している教師にとっても同じことです。

相手はからだこそ小さい子どもであっても、もう立派なひとりの人間ですし、性格も興味の対象も成長のスピードも、なにもかもひとりひとりちがいます。

そんな子どもに接している大人が、それぞれの局面で悩んだり迷ったりするのも、うまくいかないことがあって落ちこんだりするのも、言ってみればあたりまえのことなのでしょう。

むしろ悩みや迷いがあるのは、そのぶんだけ子育てをがんばっている証拠、そう思って子どもに接してみればいいのだと思います。

子育てはみんな初心者
――ひとりずつがはじめての子ども

私のように三人子どもがいると、まわりの子育て中の方たちから「三人めは子育てがラクでしょう?」と言われることがあります。子どもがひとりという家庭の親御さんなどからしてみれば、とくにそのように見えるのでしょう。

私自身の経験でいえば、たしかに、上のふたりを見ているぶんだけ、三人めのときには親のほうの経験値が上がるというところはあったかもしれません。

でも、私自身もそうでしたし、まわりのお父さんお母さんたちを見ていてもそうですが、子どもが何人いようと、実はそれぞれ別々の困っていることや悩んでいることがあるのがほんとうのところのようです。

たとえば、私と同じように子どもが三人いるという家庭で、親の手ごたえとしては、ふたりめの子育てがうまくいったと思ったとしましょう。だからと言って、次の三人めの子どもに同じやり方を押しつけたとしても、それで同じようにうまくいくということは絶対にありません。

このことは、教師という仕事においても同じです。あるクラスを担任していて、そのクラスがすばらしい集団に育ってくれたという教師の実感があった。そこで、そのうまくいったときのやり方を次のクラスにそのまま押しつけても、その集団は絶対に同じようには育たないのです。

こういったことがなぜ起こるかといえば、子どもはひとりひとりちがうし、クラスの集団もそれぞれちがうからです。

つまり、子どもが何人いようと、何回担任をもとうと、子育てはいつも初心者。そう思う心が大切です。

私たちが接しているのは、ひとりずつがはじめての子どもなのです。子育てはみんな初心者だからこそ、お父さんやお母さんたちが、子どもに接するときに共通してもっているのが「はじめてのことばかりで不安」という思いなのではないでしょうか。

こんなことをするのはうちの子だけなんじゃないかとか、自分がこの子の年齢のときにはこんなことをしていたかなあとか……不安な思いがあるから、ついまわりと比べてしまうというのは、子育て中の方たちからよく聞く声です。

そして、この「まわりと比べる」「まわりを見る」ということ自体は、子どもとの接し方を考えるうえでは、実はそう悪いことばかりではないと思います。

もちろん、先ほども書いたように子どもはひとりひとりちがうので、「あの子に比べてうちの子は」と子どもどうしを比較したところで意味はありません。

でも、「あのお父さんに比べて、自分の子どもへの接し方は」とか「あのお母さんの声のかけ方に比べて、自分のものの言い方は」などと比べてみることには大きな意味があると思うのです。

というのも、**親子のコミュニケーションについて考えたいなら、自分と自分の子どもという関係ではなく、ほかの親子関係を見る、その客観的な視点に立つことでしか気がつけない大切なこともたくさんある**からです。

実際に、この本のなかでこれまで書いてきたことは、私が教師という立場でたくさんの子どもたちに接してきたなかで気づいたことです。

教師として接している学校の子どもたちは、自分の子どもではないからこそ、こちらも客観的な目で見ることができます。そして、その客観的な目をもっていれば、不思議と人は的確な判断をすることができるものなのです。

私自身の子育てをふり返ってみてもそうですが、自分の子どもが相手では気がつけないことも、他人の親子を見ていれば気づくことがたくさんあります。

その気づいたことを自分と子どもとの関係のなかに生かしていこうとすることは、とても大切な視点ではないかと思うのです。

「客観的に見る」ヒントは身近なところに

自分と自分の子どもとの接し方を客観的に見ることはなかなかできませんが、他人の親子ならば、こちらも客観的な目をもって見ることができます。

要は、**他人事としての親子を見ることで、自分の子どもへの接し方に生かす材料にするということ。**

そのような目でまわりの親子を見ようと思えば、街なかでも公園でも電車のなかでも、実にたくさんの「教材」があることに気がつくはずです。

つい先日も、私は電車のなかで、ある親子のやりとりに目をとめました。

雨の日の電車の車中、お母さんと子どもの、雨傘をめぐるやりとりです。

私がそのふたりに目をとめたのは、親子げんかをしているような声が聞こえてきたからです。きっかけは、子どもの雨傘でした。

その子どもが傘のヒモを上手に結わえることができないのです。その様子を見ていたお母さんが、次第にイライラしはじめたようでした。

その女の子は五歳くらいでしょうか。ほかの乗客の邪魔にならないように、ぬれた傘をまっすぐにたてた状態でヒモをぐるりとまわそうとするのですが、手が小さいということもあって、うまく一周させることができません。

ヒモのあつかいに意識を集中させていると、自然に傘の先端のほうが上がってきてしまいます。そうなると先端が乗客のほうを向いてしまうのであぶないのです。

その様子を見ているお母さんは、「そうじゃなくて」とイライラしながら「傘をまっすぐにして、柄の部分をこうやってもって」と自分の傘を手に説明しています。

それで、女の子のほうも、お母さんのやり方をまねて一生懸命やってみるのですが、なかなかお母さんと同じようにはできません。

このやりとりが、車中でなんと20分以上も続き、女の子は最後のほうはもう涙目になっていました。

私は、そのふたりのやりとりを見ていて、内心その女の子に同情しながらも、「自分がこのお母さんだったとしたらどうするだろう」と考えていました。

子どもと一緒に電車に乗るというのは、子どもの課外活動の引率をするときなど、教師にとってもよくあることです。

ですから、私だってなにかの折に、同じような場面に出会わないともかぎりませんし、この本を読んでいるみなさんとみなさんの子どもとの間にも、同じような状況は起こりうるはずです。

さて、みなさんなら、この場面、この状況でどうするでしょうか？

「子どものできることに合わせる」のもひとつの方法

前項で書いた親子連れの話を、そのときの状況も交えながら私はある子育て中のお母さんにお話ししてみました。

そして、「あなたがこのお母さんならどうしますか？」とたずねたところ、そのお母さんは「うーん」と考えてから、「あ、そうか」と手を打ちました。

「その子にとってむずかしいのは、傘をたてた状態でヒモをまわすということですよね。つまり、いつもは傘を寝かせた状態でヒモを結わえていて、そのやり方ならできるということでしょう。それなら、電車の隅などに行って、お客さんのいない壁のほうに先端を向けて傘を寝かせてやればいいのでは？」

そうなのです。このやり方なら、あの日の車中でも問題なくできたでしょう。

私自身も「自分だったら」と考えて思いついたやり方のひとつがこれだったわけですが、つまりは「子どものできることに合わせる」という方法があるのです。

一方で、あのとき車中にいたお母さんは、あくまで自分のやり方をそのまま子どもにもやらせようとしていたわけです。子どものほうも一生懸命やってはみるのですが、ただでさえ揺れる車中という状況で、ことはそう簡単に運びませんでした。

もちろん、傘の先を人のいない方向に向けるというのは、車中にスペースがあるときにはいい方法ですが、もしも満員電車でぎゅうぎゅうだったとしたら、どうするのがいいのだろう？

こうして考えてみれば、ほかにも方法が見えてくるのではないでしょうか。

さて、このようにして、他人の親子を観察しながら自分だったらと考えてみることは、いざ自分が似たような状況におかれたときのヒントになります。

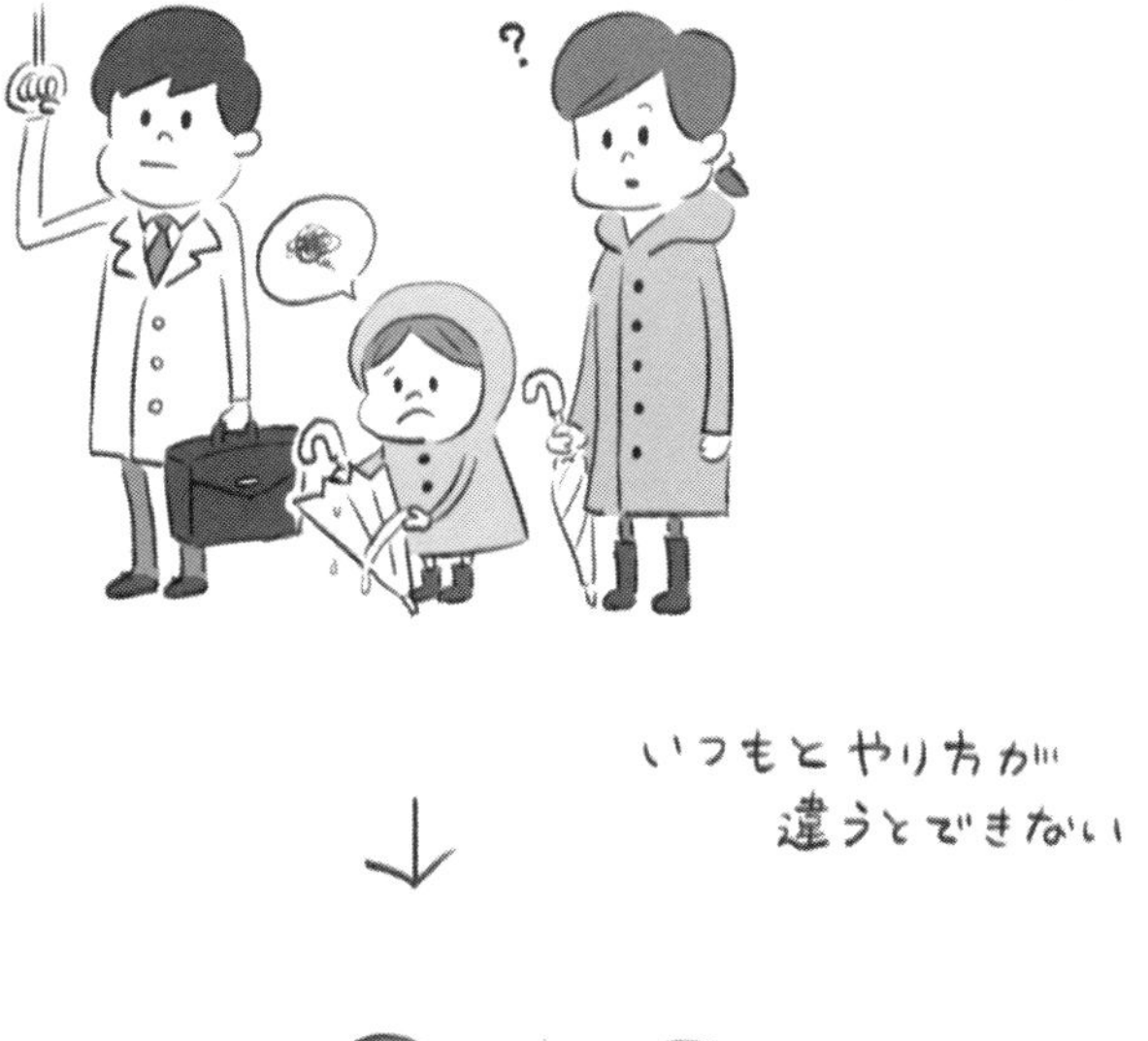
いつもとやり方が
違うとできない
子どもができる
ことに合わせる

雨傘をめぐるこの一連の出来事も、他人の親子の話として読むぶんには「そのお母さん、そんなにイライラすることないのに」とほとんどの方が思うはずですが、いざ自分のこととなれば、そう冷静ではいられなくなるものです。疲れていたり、時間がなかったりすれば、考える余裕すらなくしてしまうかもしれません。親子という遠慮のない関係ではとくに、そういうことが起こるのではないでしょうか。

冒頭で「人のいない方向に向ければいい」という方法を思いついたお母さんにしても、いざその方が同じ状況におかれたときに、その自分で思いついた方法をその場で急にできるとはかぎりません。

だからこそ、こうして**事前に考えておく機会をもつことが大切**だと思うのです。何度かこういうふうに考えていれば、いざ自分の番になったときに「あ、そうだ。いまの自分はあのときのお母さんと同じ状況になっている」などと気がつくことができるでしょう。

気づいたからといって、その場ですぐにベストな道を選ぶことができるわけではなくても、その気づけたぶんだけ、確実に前進しているのです。

ところで、傘をめぐる親子の話には、最後にもうひとつおまけがついています。

私が東京駅で電車を降りようとしたら、その親子も同じように下車しようとしていて、お母さんと子どもに「さ、もうそろそろ傘の話はいいから行こうか」と男性が声をかけたのです。つまり、その場にはお父さんもいた。けれど、面倒だから他人のふりをきめこんでいたのでしょう。

私は「お父さん、いたならもうちょっと早く出ようよ」と思いつつ、車内をあとにしたのでした（笑）。

大人だって失敗してもいい！

親が子どもを見るように、子どもも親のことをよく見ています。

客観的な見方ということで言えば、むしろ子どものほうが親の上をいっているようで、わが家では私自身が子どもにさとされることも少なくありません。

娘と私のやりとりでも「お父さん、それ、いまはお母さんには言わないほうがいいよ」「え、言わないほうがいいの？」「うん。いまそれを言っても絶対にいいことにはならないから」「そうですか」と、私のほうが子どもに教えてもらうことも多いです。

親の弱点は、実は自分の子どもがいちばんよく知っているものなのかもしれません。

そして、親が自分の弱点を子どもに見せたり、子どもの前で失敗したりするのは、けっして悪いことでも恥ずかしいことでもないと思うのです。

なんでも完全にしなければいけないと思っている親の前では、子どもも完全なことしか言いませんが、子どもの前で失敗するような親が相手なら、子どものほうも自分が苦手なことを素直に表現できるでしょう。

「私がこんなことを言っても、このお父さんなら味方になってくれる」

「お母さんだって苦手なことがあるのだから、僕も苦手なことを言ってみよう」

これくらい肩の力をぬいたスタンスのほうが、親子の関係はうまくいくものです。

日々のコミュニケーションにしても、お母さんが「またお魚、焦がしちゃった〜」となったとき、「それはお母さんがいつもふたつのことを同時にやるからだよ」と子どもが指摘して、「そうか。じゃあ、お鍋のほうはあなたが見ててくれない？」と子どもにまかせてみる。

こんなキャッチボールができるような関係なら、お互いが疲れずにつきあうことができるでしょう。

親子の関係もひとつの人間関係なので、そもそも完全なんてないのです。

親も子どももお互いに完璧を求めず、たまには親子でお互いのいいところをほめあったり、お互いの失敗談を一緒に笑いあったりすればいい。

親が一歩ゆずったら、子どものほうも一歩ゆずる。そうしてお互いが一歩ずつ譲歩すれば、親子の距離はそのぶんだけ近づくでしょう。

おわりに

教師の世界を見ていて、プロと呼ばれる人と新人の大きなちがいは、実は予期せぬ事態への対応力にあると言っても過言ではないと思っています。ちょうど英会話が苦手な人があらかじめ準備したことは話せるけど、準備していないことをたずねられると話せなくなるのと似ています。

親が子どもに向き合うときも同様で、突然起きた事態に的確に対応するのは、最初はなかなか難しいものです。ですから、教師も親も最初は準備のできている場面で子どもと向き合えばいいのだと考えてみることにしました。それが本書の後半でおすすめしていることです。

トラブルを逆に待ち構えていると、いつもはイライラする子どもの姿も、ゆとりをもって見守ることができるようになります。トラブルを見つけるはずが案外、期待した以上のことができる我が子の姿を見つけてうれしくなるかもしれません。

もちろん、予想通りトラブルを起こすことのほうが多いでしょうが、そのつもりで見ているので感情的にならず、普段より落ち着いて観察することができます。それだけでも見えること、その後できることが大きく変わります。

大人でも子どもでも、人間の生活には失敗はつきもの。誰もが試行錯誤しながら歩いていきます。最初からうまくいく人なんていませんし、そもそも私は試行錯誤できることのほうが本来すばらしい、と考えているぐらいです。その意味では、子どもの学びも、親の子育ても、教師の教育活動もすべて大切にすべきことは同じと言えます。

私は算数教師ですが、日本の子どもは一回で正解に達しないといけないと思い込んでいて、とても臆病なことを心配しています。この傾向は、最近話題の英語教育などほかの分野にも同様に表れています。常に誰かから間違いを指摘され続けてきた結果としての臆病さが、英語を話せない日本人をたくさん生み出してきていることにつながっていると思います。

大人になってから向き合うトラブルのほとんどは、実はどれが正解かなんてわからないものだらけです。子供が将来そんな事態に向き合うたくましい力を身につけるには、小さな失敗を何度も経験することが重要なのです。

学校の算数の時間も「あれ？　そうだったけ？」「いや、やっぱりこれじゃやだめだ」「そうそう、これならいけそう」、こんな言葉が飛び交う教室ほど活気があって子どもも大人も楽しそうです。子どもと試行錯誤で考えることを楽しんでみると、実は子どもって案外考えているんだなあと感心することがたくさんあります。彼らは小さくても、思ったよりできるんです。

子どもはそばで引っ張りまわす大人がいなくなれば、もともと持っていた力を発揮しはじめるのです。その姿を一度でも見ることができたら、きっと明日からの子どもとのつき合い方が変わることでしょう。

ただ、その姿は大人が心の持ち方を変えないと見えません。かく言う私もその姿を見つけるまでは、子どもたちの動きを十分に見守る前に注意していました。

それは低学年の子どもを担任していたときのこと。下校前に子どもたちが体操服から制服に着替えていました。またいつものようにダラダラとしている子が目に留まり、注意しようと思って立ち上がった瞬間、校内放送がかかりました。配布すべきプリントに追加があるから職員室に取りに来てくださいとの連絡。そこで教室を離れ、再び戻ると、なんとその注意しようと思っていた子どもから逆に一言。

「ねえ先生、どこ行ってたの。早くさようならの挨拶しようよ。ぼく今日急いでるんだからね」と。

　心の中で「なにーー」とついムキになりそうになるのを抑えつつ（笑）、周りを見渡すとその子も含めみんなちゃんと着替え終わり、帰りの支度も済み、私を待っているのです。わずか五分の違いで見える世界がこんなに変わるのか。注意するはずだった私の口からつい出た言葉は「それにしてもみんな着替えるの早くなったねえ」という言葉でした。注意とは真逆です。

　目の前の子どもたちは何とも誇らしげ。もしもあのとき放送がかからなくて、いつものように注意していたら、この光景は見えなかったと考えると……。それ以来、私は「もー、またダラダラしてるなあ～」と注意したくなるころまでいったん待って、その時点から五分だけ教室の外に出て散歩することにしてみました。大人の時計と子どもの時計の進み方のちがいを感じてから私の子どもへの接し方、そして子どもの世界の見え方も少し変わったような気がします。

教師になって三十六年が経ちます。いまだに子どもと過ごすと発見だらけです。今は小学生の子どもだけではなく、大学生にも教えたり、大人である教師の教育にも取り組んだりしていますが、自分の心の持ち方次第で見えてくる世界が変わるというのは、相手が子どもであれ大人であれ、同じであることを深く実感しています。

本書が、皆さんが子どもと共に過ごす時間をほんの少しでも温かなものに変えることに役立てば幸せです。

子どもと時間を共に、そして懸命に過ごす、悩めるすべての大人に本書を捧げます。

田中博史

[著者]
田中博史（たなか・ひろし）
1958年、山口県生まれ。筑波大学附属小学校副校長。
筑波大学人間学群教育学類講師、学校図書教科書「小学校算数」監修委員。
自ら考え自ら表現することができる子どもを育てる算数のカリスマ教師として知られる。また、クラス集団をまとめる学級経営における支持も厚く、小学校教育界では「日本一の先生」との呼び声が高い。現役教師として教壇に立つ傍ら、「先生の先生」として全国各地はもとより海外でもモデル授業や講演を数多くこなす。
NHK教育テレビ「かんじるさんすう1、2、3!」出演、NHK総合テレビ「課外授業ようこそ先輩」出演の他、近年は新宿紀伊國屋書店ホールにて「先生のための夏休み充電スペシャル」と題したお笑い芸人とのトークイベントを毎年開催している。
著書に『子どもが変わる接し方』『子どもが変わる授業』（東洋館出版社）、『田中博史の楽しくて力がつく算数授業55の知恵』『ほめて育てる算数言葉』（文溪堂）等。家庭向け学習ドリル『絵解き文章題』『4マス関係表で解く文章題』（学研）の監修、算数教具『ビジュアル九九カルタ』『ビジュアル分数トランプ』（文溪堂）の開発等も行っている。

子《こ》どもと接《せっ》するときにほんとうに大切《たいせつ》なこと

2018年2月26日　初版第1刷発行

著者　田中博史
編集協力　大崎奈津子
企画協力　柴田恵理
挿画　ほりいあつし
装幀　水戸部功
発行者　古川絵里子
発行所　株式会社キノブックス（木下グループ）
〒163-1309
東京都新宿区西新宿6-5-1　新宿アイランドタワー9階
電話 03-5908-2279　http://kinobooks.jp/
印刷・製本　中央精版印刷株式会社

ISBN 978-4-908059-89-6 C0037